Русский язык с мамой

Е.А. Хамраева, В.В. Дронов

РОСИНКА

УЧЕБНИК
ПО РУССКОМУ ЯЗЫКУ И КУЛЬТУРЕ РЕЧИ
ДЛЯ ДЕТЕЙ СООТЕЧЕСТВЕННИКОВ, ПРОЖИВАЮЩИХ ЗА РУБЕЖОМ

3-е издание, стереотипное

РУССКИЙ ЯЗЫК
КУРСЫ

МОСКВА
2008

УДК 808.2(075.8)-054.6
ББК 81.2 Рус-923
Х 18

Художник: *Вадим Челак*
Рецензент: канд. филол. наук *Н.Г. Бабай*
Руководители проекта: д-р филол. наук *В.В. Воробьев*,
канд. пед. наук *С.Ю. Ремизова*

Х 18   **Хамраева, Е.А.**
        Росинка. Учебник по русскому языку и культуре речи для детей со-
        отечественников, проживающих за рубежом / Е.А. Хамраева, В.В. Дро-
        нов. — М.: Русский язык. Курсы, 2008. — 160, ил. (Серия «Русский язык
        с мамой»)
        ISBN 978-5-88337-004-4

Издание адресовано детям соотечественников, проживающим за рубежом и лишён-
ным русской языковой среды и возможностей школьного обучения русскому языку.
    Материал учебника организован на основе принципов коммуникативной методи-
ки, то есть дети обучаются языку как средству общения в самых разнообразных жизненных ситуациях.
    Кроме того, авторы вводят в учебник элементы культуры речи, что нашло своё от-
ражение как в первой части книги — работа над звуками, так и во второй части, где
представлен материал по речевому этикету и даны задания по развитию речи.
    Этой книгой, как и другими пособиями из серии «Русский язык с мамой», могут
пользоваться родители, которые не являются профессиональными учителями русского
языка, а также педагоги курсов, кружков и воскресных школ.

ISBN 978-5-88337-004-4

К РОДИТЕЛЯМ

ДОРОГИЕ ДРУЗЬЯ!

В наши дни десятки миллионов людей, считающих русский язык родным, и людей, просто знающих и любящих русский язык, проживают за рубежами России. По мере сил и возможностей они стараются сохранять русскую речь как важнейшую часть своей культуры, как средство укрепления родственных и духовных связей с Россией.

Многие из этих людей хотели бы передать свои знания русского языка и свою любовь к нему детям и внукам, но сделать это в условиях иноязычной среды и при отсутствии возможностей школьного обучения на русском языке весьма не просто.

И это понятно. Ведь за пределами родного дома, где родители пытаются говорить с детьми на русском языке, ребята живут и воспитываются в мире иных звуков и букв, в среде другой культуры. Постепенно их русский язык «одомашнивается», сужается до рамок семейного средства общения, теряя связь и со звуковой стихией русской речи, и с историко-культурным содержанием русского слова. Всё это сказывается на произношении и на словаре ребёнка, делает русскую речь его в большей степени иностранной, нежели русской.

Для того чтобы помочь родителям не только сохранить русский язык детей, но и обогатить их русскую речь, была и задумана эта книга.

Как и другие пособия серии «Русский язык с мамой», этот учебник адресован родителям, которые не являются профессиональными преподавателями русского языка. Однако это не значит, что данное пособие не может быть полезным как учителям русского языка, так и профессиональным педагогам-руководителям курсов, кружков и воскресных школ.

Именно этим людям предназначена рубрика «Родителям», в которой представлены методические советы и учебный материал по развитию речи ребёнка.

Учебник разделён на две части. Первая часть представляет своеобразный вводно-фонетический курс, который обучает ребёнка не только чтению и письму, но и предполагает развитие его речи. Каждому уроку курса можно посвящать 15 — 20 минут учебного времени, в зависимости от уровня владения детьми русским языком.

Вторая часть учебника призвана помочь ребятам овладеть элементарными знаниями русской грамматики. Материал этой части подаётся на основе принципов коммуникативной методики, т. е. дети обучаются не абстрактной грамматике, а языку как средству общения в самых разнообразных жизненных ситуациях.

Авторы впервые попытались ввести в учебник русского языка материал по культуре речи, что нашло своё отражение как в первой части — работа над произношением ребёнка, так и во второй части, где предложен обширный материал по русскому речевому этикету и даны задания по развитию речи. Каждый маленький урок речевого этикета содержит лингвострановедческий материал, написанный в форме беседы с родителями. Этот материал, как правило, связан с лексико-грамматической темой рубрики «Детям».

В учебник включены хрестоматийные произведения русских писателей и поэтов, а также авторские учебные стихотворные конструкции.

Авторы учебника надеются, что занятия по этой книге помогут вам не только сохранить и обогатить русскую речь ребёнка, но и сделать ваши отношения с детьми ещё более тёплыми и сердечными.

Авторы

Условные обозначения

✓ задания

? ответь на вопросы

✎ пиши

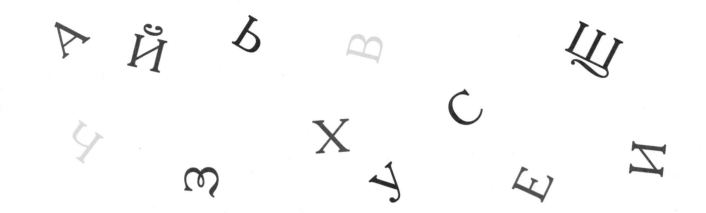

ЧАСТЬ I

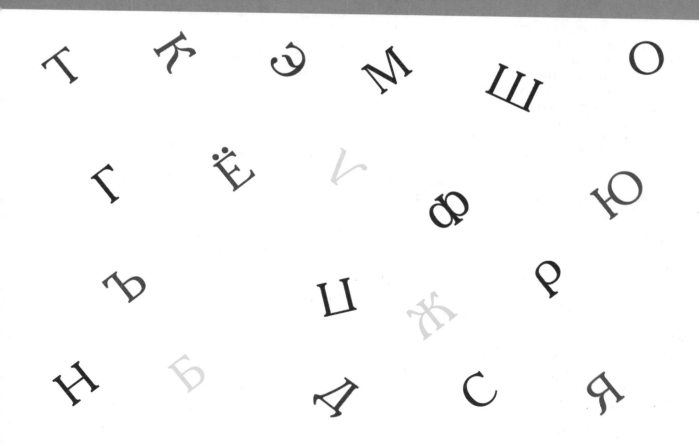

УРОК БУКВЫ «А»

Читаем вместе с мамой.

ЧУДНАЯ СТРАНА

Эта чудная страна
Начинается на «А».
Там повсюду вдоль дороги
Спят спокойно буквы, слоги
И беззвучные слова.
Мы разбудим эти буквы
И словам подарим звуки.
Зазвенят по всей округе,

Зазвучат вокруг слова.
Мы из слов составим фразы,
Пересказы и рассказы.
Веселее станет сразу.
Эта чудная страна!
Это будет, а пока
Перед нами...

(АЗБУКА)

- Догадался, о какой стране мы говорим?
- Какие слова на букву «А» ты ещё знаешь?
- Тебе хочется научиться читать по-русски?

Буква «А» кажется такой устойчивой. Ещё бы! Она, как говорят, «стоит на двух ногах». А вот в звучащем слове, становясь звуком, она может меняться в зависимости от того, в каком месте этого слова она находится.

Это очень важно знать, чтобы избежать акцента, который выдаёт в говорящем иностранца или человека, который долго живёт в среде другого языка.

Наиболее открыто звук [а] звучит в односложных словах *Да* и *На*, в частицах и междометиях, которыми можно выразить очень многое.

— Витя? — А... Я здесь. (отклик)
— Пойдём гулять, а? (вопрос)
— А! Попался, который кусался! (шутливое злорадство)
— А! Так это ты там был? (удивление)

Но лучше всего [а] получается у плакс, таких, как мальчик на рисунке. Их называют *«рёвушками-коровушками»*, от глагола *реветь* — «кричать» и «плакать».

Без ударения «А» притихает, звучит ослабленно.

✓ 1. Прочитаем вместе с ребятами стихотворение Елены Благининой, по книжкам которой учили русский язык миллионы детей в России.

    — А, а, а! — заплакала Алёнка.
    — На-а, — сказала ей сестрёнка.
      Алый цветик сорвала
      И Алёнушке дала.
      Та рада.

2. Помогите ребёнку составить рассказ из трёх реплик. *Например:*

Что э́то? Э́то день рожде́ния. У ма́мы торт!

Обязательное условие этого рассказа — совпадение интонации, заданной схемой, и общего количества слов.

3. Догадайся, какие слова здесь написаны.

| а | а | | а | а | (мама, папа)

Назови эти предметы и обрати внимание на то, как произносится звук [а].

Придумай рассказ по картинке (см. образец на с. 6).

———————— ———————— ?

———————— ———————— ———————— .

———————— ———————— ———————— !

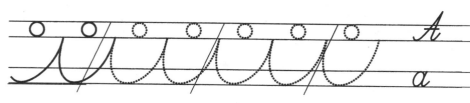

7

УРОК БУКВЫ «О»

Читаем вместе с мамой.

> Высоко, высоко
> В небе синем облако.
> Оно круглое, как «О»,
> Белое, как молоко.
> Улетает далеко
> О-бла-к-оо!

- На что ещё бывают похожи облака?

- А не кажется ли тебе, что с помощью «О» можно показать, как высоко и далеко улетает облако? Попробуй. Далеко-о-о-о! Высоко-о-о-о!

Буква «О», большая и маленькая, одинаковы по форме. Вокруг нас есть много вещей, похожих на букву «О». Назовите их.

✓ 1. Попросите ребят нарисовать предметы, названия которых начинаются на букву «О».

2. Предложите детям назвать сначала те предметы, которые начинаются на «О», а затем — которые на «О» заканчиваются.

Буква «О» так любит букву «А», что, становясь звуком, она старается быть похожей на звук [а] в словах, где на неё не падает ударение.

окно — [акно́], облако — [о́блака], коза — [каза́].

И только под ударением и в односложных словах буква «О» становится сама собой, как возглас удивления: О!-О!-О!

✓ 1. Обратите на это внимание, читая ребёнку слова и учебное стихотворение урока.

2. Прочитайте скороговорки на «О» и «А»:

> У села да около катилось «О» и охало.

> Охало да около у села и около.

(!) «Окать» — как раз и значит: произносить [о] во всех позициях слова, не изменяя на [а] в зависимости от ударения. Так «окают», например, на Волге и на севере России.

3. Помогите ребёнку составить рассказ. Минимальный объём — две повествовательные реплики, связанные по смыслу: **Вот Оля. Она около окна**.

4. Назови слова, которые потерялись.

> Скажу я слово «высоко»,
> А ты ответишь ... (низко).
> Скажу я слово «далеко»,
> А ты ответишь ...(близко).

Произнеси эти слова и обрати внимание на то, как произносится звук [о].

Придумай рассказ о том, что делает девочка Оля.

——————   ——————— .

——————   ———————   ——————— .

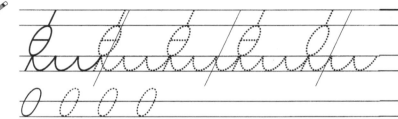

УРОК БУКВЫ «У»

Читаем вместе с мамой.

> Кукушонок заблудился,
> Из гнезда упав в траву.
> Куковать не научился
> И кричит: «Ау! Ау!»
> Кто его «ку-ку» научит
> Говорить — вот в чём вопрос,
> Если он — обычный случай,
> Не в гнезде у мамы рос?

- Почему кукушонок рос в чужом гнезде?
- Бывают ли гнёзда у кукушки?
- Придумай слова на букву «У».

Буква «У» очень красивая. Она знает об этом и, становясь звуком, никогда изменяться не хочет. Но всё же рядом с [а] звук [у] становится наиболее отчётливым и чистым. Вот почему «Ау!» служит криком помощи тем, кто заблудился в лесу.

✓ 1. Спросите ребят, чем отличается большая буква «У» от маленькой. Обратите внимание на слова *больше — меньше; выше — ниже; одинаковые по форме.*

2. Попросите ребят назвать слова на букву «У». В группе побеждает тот, кто назовёт больше слов.

3. Чтобы выполнить задание «Придумай рассказ», напомните ребятам сказку «Машенька и медведь». А можно предложить ребятам придумать историю, начав её, *может быть, так*:

— Что случилось?

— Девочка заблудилась в лесу. Она испугалась и стала звать подруг: «Ау!» — «Ау!»

— А что было потом. — А потом...

4. Придумаем конец рифмовок-загадок.

> Совсем недавно я в лесу
> Встретил рыжую ... (лису).

> Вышел на опушку
> Встретил там ... (кукушку).

> На полянке долго я
> Слушал пенье ... (соловья).

10

Произнеси эти слова и обрати внимание на то, как произносится звук [у].

Уу

Придумай рассказ.

_____ _____ ?

_____ _____ _____ .

УРОК БУКВЫ «М»

Читаем вместе с мамой.

УРОК

Я учу читать телёнка —
Непослушного ребёнка:
— Это «А», а это «О».
Но в ответ он ничего!
На меня он смотрит букой,
А вчера он съел все буквы,
Лишь оставив «М» и «У».
Почему,
Я не пойму,
Они нравятся ему?

- Как ты думаешь, почему телёнок оставил эти буквы?
- Какие русские буквы тебе нравятся и почему?
- Придумай слова на букву «М».

Буквы «А», «О», «У» соответствуют гласным звукам [а], [о], [у], то есть звукам, которые образуются «гласом» — голосом. Согласные получаются при помощи языка, губ, зубов. Они всегда живут в «согласии» с гласными — их так легче произносить. Вот почему название буквы «М» мы произносим как «эм». Произношение сочетаний согласных звуков всегда затруднительно для детей. Помните об этом, как и о том, что, зная правильную позицию языка ребёнка при произнесении «трудных» согласных, вы всегда можете хорошо «поставить» звук.

✓ 1. Придумать рассказ по рисунку вам поможет наше учебное стихотворение «Урок».
2. Попросите ребят придумать слова, которые начинаются со слогов: МА... МО... МУ...
3. Может быть, дети догадаются, что за слова здесь написаны:
   МО . О . О (молоко); МУ . А (мука); . УМ . А (сумка).

12

Произнеси эти слова и обрати внимание на то, как произносится звук [м].

ма ум   máма
мо ом
му ам

Придумай рассказ.

_____ _____ _____ .

_____ _____ _____

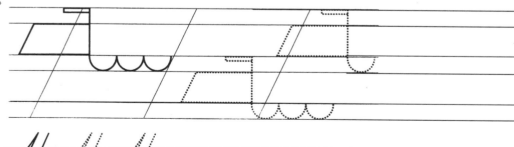

УРОК БУКВЫ «С»

Читаем вместе с мамой.

Я САМ

Всё привык я делать сам.
Сам гуляю по лесам.
В сеть сома поймал я сам
и погладил по усам.
Сам построил самолёт
и отправился в полёт
В голубые небеса.
Вдруг навстречу мне оса.
Ой! Как страшно! Мама! Мам!
Я проснулся сразу сам.

- Почему мальчик проснулся, если никто его не будил?
- Тебе нравится слово «сам»?
- Ты часто его говоришь?

Этот урок очень простой, как и сама буква «С», и звук [с].

✓ 1. Потренируйтесь в произношении звука [с] с помощью рифмовок.

Со-со-со
Буква «О», как колесо.

Са-са-са
Буква «С» — полколеса.

2. Прочитайте вместе с ребятами наше учебное стихотворение «Я сам» и спросите их, что они могут делать сами, без помощи взрослых?

3. Кто быстрее и лучше прочитает скороговорки?

У Сени и Сани в сетях сом с усами.

Сеня и Саня везут сома с усами на санях.

4. Предложите ребятам не только прочитать слоги, но и продолжить их в слова. *Вот так, например*:

УМ – (ный); СУМ – (ка); УС – (ы); САМ – (олёт); МАС – (ка); МОС – (ква) и т. д.

5. Предложите ребятам придумать короткие рассказы-пояснения к рисункам на правой странице.

Произнеси эти слова и обрати внимание на то, как произносится звук [с].

Прочитай.

ум	сум	сам	сом
ус	мус	мас	мос

Придумай рассказ.

Оса!
О-о! А-а!

Сом!
У сомá ус.

_____ ! _____   _____ _____ .

CAM!   CAMÁ!

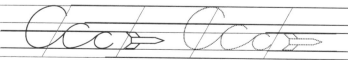

15

УРОК БУКВЫ «Ы»

Читаем вместе с мамой.

> Где услышать можно «ы»?
> В слове «МЫ» и в слове «ВЫ»,
> В слове «ТЫ» и в слове «СЫР».
> Вкусный — с дырами, без дыр.
> А̀ в начале слов и фраз
> «ы» вы слышали хоть раз?

- В каких ещё словах ты слышал «ы»?
- Ребята, которые знакомы с другими алфавитами, часто воспринимают эту букву не как одну, а как две. Следует обратить их внимание на то, что буква «ы» всегда маленькая, потому что в русском языке нет слов, которые начинаются на «ы».

1. В шутку можно предложить ребятам назвать (придумать) слова на букву «ы». Получится забавное упражнение. Дети могут путать звуки [ы] и [и], поэтому нам придётся постоянно обращаться к фонетическим упражнениям по постановке звука [ы].

Здесь нам пригодятся звуковые цепочки, которые используются при работе в российских школах.

2. Читаем вперёд и наоборот:

> бы — вы —гы — ды — жи [жы]←
> зы — кы — лы — мы — ны←
> пы — ры — сы — ты — фы — хы — цы←

Цепочки, разумеется, используются по мере надобности. Параллельно можно строить сравнительные цепочки:

> зы — зи — ки ←

Подобные упражнения могут служить для тренировки сочетаний с другими гласными.
Развитию речевого аппарата ребёнка помогут тренировки с сочетаниями гласных:

> и — э — ы — а — о — у
> э — ы — а — о — у — и и т. п.

3. Прочитайте рифмовку, которую очень любят преподаватели, работающие с иностранными учащимися.

> — Кто же вымоет тарелки?
> — Вы, конечно, вы, вы, вы.
> — Почему же мы, мы, мы?
> — Может лучше ты, ты, ты?
> Отдохните вы и ты.
> Все тарелки вы-мы-ты!
> Я и ты, и мы, и вы
> Все мы знаем букву «ы».

4. Попробуем услышать и палочками на бумаге отметить, сколько [ы] в каждой строчке.

> У Марины и у Зины много ягоды-малины.
> У Алины и Арины нет калины и рябины.

16

Произнеси эти слоги и слова и обрати внимание на то, как произносится звук [ы].

А- О - У- Ы
МА - МО - МУ - МЫ
СА - СО - СУ - СЫ

СОМ   СОМЫ́

Придумай рассказ.

Прочитай.

Мы у ма́мы.

У ма́мы , ,  .

Мы _____  .

Смотри и читай.

ОСА́   О́СЫ

Придумай рассказ.

_____ _____ _____ !
_____ _____ _____ ?
_____ _____ _____ .

У ма́мы !

УРОК БУКВЫ «Н»

Читаем вместе с мамой.

> Похожа «Н» на лесенку.
> Она есть в слове «песенка».
> Она есть в слове «ОН»,
> Она есть в слове «СЛОН».
> С неё «НОЧЬ» начинается,
> И ею «СОН» кончается.
> А посреди «ОНА» — опять она!

- Назови слова на букву «Н» — сначала в начале слова, потом в середине слова, а затем — в конце.
- А ты любишь смотреть сны?

Буква «Н» крепкая и стойкая. Стоит она, как и «А», на двух ножках и имеет перекладину посередине. А вот о звуке [н] этого не скажешь. В слове он зависит от соседа справа. Гласные звуки [е], [ё], [и], [я] делают его мягким. Недаром говорят: «С кем поведёшься, от того и наберёшься». С кем подружишься, от того и научишься. Об этом мы поговорим позже, но уже сейчас по мере надобности старайтесь сравнивать [н] и [н'] — мягкий звук.

✔ 1. Медленно, преувеличенно артикулируя, несколько раз проговорите это фонетическое упражнение.

> У Нины сны и у няни сны.
> Нет у Нонны сна и у Анны.

2. В этом слове спряталось ещё четыре слова. Найдите их.

с	о	с	н	а

Может быть, это: НОС, ОСА, СОН, НАСОС.

3. Как сделать из слова «насос» дерево?

				а

4. Как из слова «СОН» сделать часть лица?

с	о	н

		с

5. Отгадаем загадку.

> Воздух в шины я вдуваю,
> Жизнь несу я колесу.

> Если ж слоги мы смешаем,
> Буду деревом в лесу.
>
> (насос ↔ сосна)

18

Нн

Произнеси эти слоги и слова и обрати внимание на то, как произносится звук [н].

МА-МО МУ- МЫ   А́ННА
НА-НО-НУ-НЫ   НО́ННА
АМ- ОМ- УМ-ЫМ
АН- ОН -УН-ЫН

Прочитай.

А́нна.   У А́нны .

У ма́мы А́нна.

Но! Но-о-о!

На, ма́ма 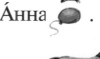 .
На, А́нна .

У нас  . Ма́ма _____

Он _____  . Мы

Придумай рассказ.

_____ _____
_____ _____ _____ _____ .

      ОН   ОНА

✎ *Н Н Н*   *н н н*

УРОК БУКВЫ «Л»

Читаем вместе с мамой.

ЛАСКОВЫЙ ЛЕВ

Лев левой лапой лоб умыл
И стал он ласков, добр и мил.
Все радуются звери,
Но льву они не верят.
Понятно им давно,
Что ласковые львы
Бывают лишь в кино...

- А ты согласен с этим?
- Может быть, с кем-нибудь они бывают ласковыми?
- Каких животных на букву «Л» ты знаешь?

В этом уроке мы обращаем внимание ребёнка на твёрдое [л]: *мал — мала.*

Под воздействием [л] других языков есть опасность превратить [л] в звук, близкий к звукосочетанию [ау] или в мягкий [л']. Того и другого избежать нам поможет формула:

ал — лал — ол — лол — ул — лул — ыл — лыл ←

✓ 1. Опираясь на текст нашего учебного стихотворения, «посчитаем» палочками на бумаге, сколько «л» ребята услышали.
2. Прочитаем вместе с детьми две скороговорки. Потом спросим их, в какой из них буква «Л» звучит более нежной и мягкой.

Лев лапою ловил луну.

Полили ли лилию, видели ли Лидию?

3. Прочитаем слова без одной буквы.
МАЛ . НА;   Л . МОН;   ЛАМ . А;   ЛУ . А (малина, лимон, лампа, луна)
4. Придумаем конец.

Сижу я молча у окна.
В небе светится ... (луна).
На стекле букет из роз
Окна выкрасил ... (мороз).

Прочитай эти слоги и слова и обрати внимание на то, как произносится звук [л].

ма	ла	на	мала́	Ла́на
мо	ло	но	ла́ма	А́лла
му	лу	ну	луна́	слон
мы	лы	ны	мы́ло	усну́л
			умы́ла	

Нарисуй эти предметы.

Прочитай.

У Ла́ны мы́ло. Она́ мы́ла А́ллу .

У А́ллы . Ла́на умы́ла А́ллу. 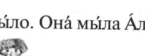 _____ .

Выучи.

Он	Она́	Он мал.	Она́ мала́.

УРОК БУКВЫ «Ш»

Читаем вместе с мамой.

> Я люблю так букву «Ш».
> Это шорох камыша.
> И на крышу, не спеша,
> Дождик падает шурша.
> Шмель шуршит в душистой кашке,
> А в шиповнике — букашки.
> Шорох — лето,
> Шелест — лето,
> И шипенье — это лето.
> Хоть скажу вам по секрету,
> Что шипенье — страшно это.

- Какой звук чаще всего слышится в этом стихотворении и почему?
- Почему в стихотворении говорится, что *шорох*, *шелест* и *шипенье* — это лето?
- Какие признаки лета мы найдём ещё в стихотворении?

Буква «Ш» была бы похожа на расчёску или на щётку, будь у неё больше зубчиков. А так у неё всего-навсего три зуба. Вот и шипит она: ш — ш — ш. Причём шипит она всегда твёрдо, как в скороговорке:

> Шуршит машина шинами
> С шипами по шоссе.

✓ 1. Звук [ш] всегда полезно сопоставлять со звуком [с], как это сделано в скороговорке:
> Шла Саша по шоссе и сосала сушку.

2. Ребятам нравится соревноваться в проговаривании таких трудных, но и забавных скороговорок. Попробуйте.
> Шли сорок мышей, нашли сорок грошей.
> Две мыши поплоше нашли по два гроша.

(!) грош — денежная единица в старину. Сначала равнялась двум копейкам, затем стоила полкопейки. До сих пор говорят: «Продать за грош», т. е. продешевить.

3. Каких букв не хватает, чтобы прочитать чистоговорку:
> МАША НАШЛА Ш.Ш.У У ШАЛАША («И» и «К»).

4. Отгадаем загадку.
> Коричневый, но не шоколад.
> Большой, но не слон.
> Любит мёд, но не пчела и не шмель.
> Спит всю зиму, но не ёж. (медведь)

Прочитай эти слоги и слова и обрати внимание на то, как произносится звук [ш].

ша аш наш Ма́ша
шо ош на́ша Са́ша
шу у шла ушла́
са-ша-су-шу-со-шо

Прочитай.

Шала́ш. У шалаша́ ма́ма, па́па, А́нна, Са́ша. Са́ша — малыш. А́нна _____ Са́шу. Са́ша усну́л.

23

УРОК БУКВЫ «И»

Читаем вместе с мамой.

> Илья Ильин и добр, и мил.
> Он апельсин на всех делил.
> Долька Юле, долька Оле,
> Долька Новиковой Поле.
> Ну а мне и Кольке
> Не досталось дольки.
> В школу я принёс лимон,
> Только отказался он
> Есть не дольки — весь лимон.

- Почему отказался Илья есть лимон, как ты думаешь?
- Удачно ли пошутил мальчик?

Букву «И» иногда путают с буквой «Н». Помните об этом.

А вот, становясь звуком, после «Ж», «Ш» и «Ц» она меняется до неузнаваемости и превращается в звук [ы].

Об этом мы будем напоминать вам постоянно, но старайтесь уже сейчас, читая стихи и скороговорки, обращать внимание на эту причуду буквы «И».

У Миши [шы] и Маши [шы] машины [шы].

✓ 1. Прочитаем скороговорку без букв, которые мы ещё не учили.
М.Ш.А И МИШ.А СУШИЛИ ШИШ.И В ШАЛАШ.. [ы — к — е]

2. Прочитаем вместе с ребятами очень хорошую скороговорку для проговаривания [л], [и], [р] и других звуков.

> Приготовила Лариса
> Для Бориса
> Суп из риса.
> А Борис Ларису
> Угостил ирисом.
>
> *А. Дёмин*

3. Отгадаем загадку — рифмовку:
> В норке спит спокойно мышка,
> А в лесу, в берлоге — ... (мишка).

Прочитай эти слоги и слова и обрати внимание на то, как произносится звук [и].

мы-ым	маши́на	Ни́на
ми-им	Ми́ла	И́нна
лы-ил	У Ми́лы	Ли́на
	Ми́ша	Ми́ла
	У Ми́ши	

Скажи, что ты видишь на рисунках.

Са́ша и Ми́ша ———— .

У Ми́ши маши́на .

На, Ми́ша .

На, Са́ша, маши́ну.

Обрати внимание на сочетание **ши**!

маши́на

маши́ны

шала́ш

шалаши́

УРОК О ЗВУКАХ [И] И [Ы]

Читаем вместе с мамой.

> Мама Милу
> Мылом мыла.
> Мила мыло не любила.
> — Всё не так! — сказала Мила. —
> Мыло я всегда любила.
> А стихи, понятно всем,
> Лишь пример на
> «Ы», «И», «М».

- А как ты относишься к мылу?
- Любишь ли ты умываться по утрам и вечерам?

Обычно для тех, кто живёт не в мире русских слов, звуки [и] и [ы] почти не различимы. Вот почему с мальчиком Биллом случилась в Москве такая путаница.

> — Билл, где ты был?
> — Прости, но вот я, здесь.
> — Ты был в школе?
> — Я там никого не бил.
> — Да нет же! Ты ходил в школу?
> — О! Я понял: Билл и бил — это И.
> Ну а «был» — это ы-ы-ы!

Избежать подобного нам помогут учебные рифмовки.

✓ 1. Читаем медленно, выделяя голосом звуки [и] и [ы].

Я и ты это — *мы*.	Дядя Вася очень *лысый*.
А на нотном стане «*ми*».	Нос у дяди Васи *лисий*.
Я оставил в кухне *лыжи*,	Долго я гулял — *простыл*.
Серый кот те лыжи *лижет* [лижыт]	Папа мой меня *простил*.

(!) После «ж» буква «е» без ударения тоже читается как [ы].

2. Звуки [и] и [ы] важно различать при образовании множественного числа существительных.

Прочитаем вместе с ребятами слова с известными и незнакомыми пока ещё буквами.
СОМЫ – САМИ, СНЫ – САНИ, чАСЫ – рЫСИ, кУкЛЫ – кАпЛИ
Прочитаем быстро скороговорки:

> ЛАМЫ МАЛЫ ЛАМЫ МИЛЫ

И чуть быстрее:

> МИЛЫ ЛИ ЛАМЫ?
> МАЛЫ ЛИ ЛАМЫ?

Произнеси эти слоги и обрати внимание на то, как произносятся звуки [и, ы].

А	О	У	Ы	И
ма	мо	му	мы	ми
на	но	ну	ны	ни
ла	ло	лу	лы	ли
са	со	су	сы	си

Прочитай.

Ма́ма мы́лом Ми́лу мы́ла.
Ми́ла мы́ло не люби́ла!

Выучи скороговорку.

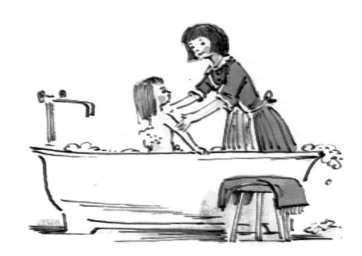

У ма́мы мы́ло.
Ма́ма мы́ла Ми́лу.
А Ми́ла?

Скажи, что ты видишь на рисунках:

А   О   У

Прочитай.   Ы   И

Ы	И
сы	си
лы	ли
мы	ми

Пиши.

УРОК БУКВЫ «П»

Читаем вместе с мамой.

Букву «П» в спортивном зале
Перекладиной назвали.
— Ну-ка, милый, не ленись,
Подойди да подтянись.

А. Шибаев

- А ты можешь подтягиваться на перекладине?
- Ты любишь заниматься спортом? Каким?
- Что ещё из окружающих нас предметов похоже на букву «П»?

Буква «П» действительно похожа на перекладину в спортивном зале. Но перекладина всегда твёрдая, потому что железная. А вот «П» может смягчаться, если за нею следует, например, буква «И».

✓ 1. Обратить на это внимание ребят вам поможет чистоговорка. Читаем сначала медленно.

Пилил Паша палку пилкой,

и упала на пол палка.

2. А ещё правильно произносить звук [п] в самых разных позициях в слове поможет старинная скороговорка, которую знают все русские дети: *«От топота копыт пыль по полю летит»*. Кто быстрее и правильнее произнесёт её?

3. Кто отгадает загадку про кошку Пушку поэта В. Левина.

Пушка лапой уши мыла

На скамейке у окошка.

Пушка моется без мыла,

Потому что Пушка... (кошка)

4. Попробуем быстро прочитать стихотворение Н. Токмаковой.

Говорит попугай попугаю:

«Я тебя, попугай, попугаю!»

Отвечает ему попугай:

«Попугай, попугай, попугай!»

Немного грамматики

Очень полезно сравнить 1-е лицо глагола «ПОПУГАТЬ» «Я попугаю» с повелительной формой «попугай!» и с существительным «ПОПУГАЙ».

Прочитай эти слоги и обрати внимание на то, как произносится звук [п].

са	со	су	сы	си
па	по	пу	пы	пи
на	но	ну	ны	ни

Пп

Прочитай.

па́па	пол	Поли́на	суп
Па́ша	ла́па	упа́л	упа́ла
пила́	пили́л		

Придумай предложения с этими словами.

Прочитай.

Па́па

У па́пы пила́. Он пили́л ли́пу.

Ли́па упа́ла.

Поли́на _ суп.

— На, па́па, суп!

Поли́на пошла в помы́ла  .

УПА́Л УПА́ЛА УПА́ЛО УПА́ЛИ

29

УРОК БУКВЫ «Т»

Читаем вместе с мамой.

> Буква «Т» и тут и там:
> Тротуар, театр, тамтам.
> «Т» и «Ты», — сказал я Пете.
> «Ну уж нет», — он мне ответил. —
> Лично «Я» начинаюсь я на «Я».

- Как ты думаешь, Петя понял приятеля?
- Какие слова на букву «Т» ты знаешь?

Обратите внимание, выделением голоса, на то, как меняется — «смягчается» [т] перед [и] и перед [е], когда вы будете говорить о «тигре» и «котёнке».

Ребята часто замечают, что «Т» похожа на молоток. Об этом и говорит детский поэт В. Степанов:

> Молоток стучит: «Тук-тук!
> Букве «Т» я старый друг».

1. Звук [т] в разных позициях слова поможет лучше усвоить старинная поговорка: «Ткёт ткач ткани на платки Тане».
2. Сколько имён в этой цепочке букв?
   Т~О~М~А~Н~Т~О~Н~А~Т~А (Тома; Антон; Ната)
3. СТОЛ и СТУЛ Как из стола сделать стул и наоборот?
4. Прочитаем ответ на загадку:
   > Семь ребят по лесенке
   > Заиграли песенки.
   >
   > (НОТЫ)

Найди два слова-местоимения в ответе на загадку. (Ты — Он)

Произнеси эти слоги и обрати внимание на то, как произносится звук [т].

Т т

та   то   ту   ты
ат   от   ут   ыт

Прочитай.

там Тóма   Ан-тóн   Нá-та
тут Тóма   Антóн   Нáта
      у Тóмы   у Антóна у Нáты

Нарисуй эти предметы.

Прочитай.

У Тóмы 🐱 Тóша. Он _____ 🦋 .

У Антóна ✈ .

У Нáты 🐱 .

Выучи скороговорку.

«Тúше, мы́ши, кот на кры́ше!»

ТУТ-ТАМ

ТУТ НÁТА.   ТУТ ТÓМА.   ТАМ АНТÓН.

УРОК БУКВЫ «Р»

Читаем вместе с мамой.

НЕПОГОДА

Гром гремит,
Гроза грохочет,
Ветер воет и хохочет.
Стр-р-р-рашно!
Но — не боюсь грозы и грома,
Если мама с папой дома.

- А ты боишься грозы?
- Почему так много «Р» в этом стихотворении?

Буква «Р» очень озорная и своенравная. Видят некоторые ребята слово «УТРО», а говорят «УТЛО», хотят сказать «РУКА», а получается «ЛУКА». Совсем как в стихотворении Агнии Барто.

На брата сердится сестра:
Её зовут Марина,
А он стоит среди двора,
Кричит: — А где Малина?

И Марина совершенно верно учила Серёжу правильно произносить звук [р].

Она твердит: — Прижми язык,
Прижми покрепче к нёбу! —
Он, как прилежный ученик,
Берётся за учёбу.

✓ 1. И Серёже, и другим детям поможет знакомая всем русским ребятам скороговорка:
Карл у Клары украл кораллы,
А Клара у Карла украла кларнет.
И Карл и Клара всё это делали только для того, чтобы мы хорошо и звонко произносили Р-Р-Р!

2. Отгадай загадки-рифмовки. Прочитай ответ.
На полях гудят с утра
Пашут землю ... (ТРАКТОРА)

На верхушке клёна
Каркает ... (ВОРОНА)

Рр

Произнеси эти слоги и обрати внимание на то, как произносится звук [р], обрати также внимание и на то, как произносится звук [л].

				Прочитай.	
ла	ла	на	ра		Шу - ра
					Шу́ра
мо	ло	но	ро		Та-ма-ра
му	лу	пу	ру		Тама́ра
мы	лы	ны	ры		ут-ро ут-ром
					у́тро У́ТРОМ

Придумай предложения.

Прочитай.

У́тро

Тут Тама́ра, Шу́ра, ма́ма. — Тама́ра, Шу́ра! У ма́мы 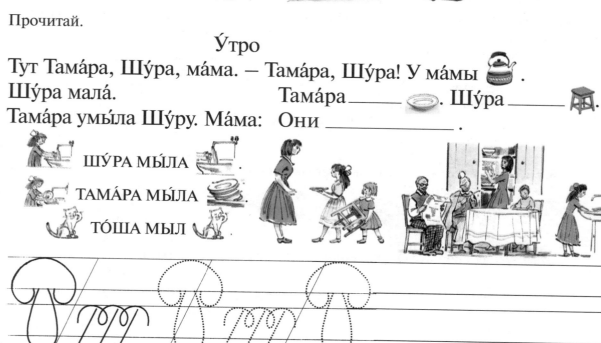.
Шу́ра мала́. Тама́ра _____. Шу́ра _____.
Тама́ра умы́ла Шу́ру. Ма́ма: Они _____.

ШУ́РА МЫ́ЛА .
ТАМА́РА МЫ́ЛА .
ТО́ША МЫЛ .

УРОК БУКВЫ «Д»

Читаем вместе с мамой.

РАДУГА

Надо мною радуга.
Это радости дуга.
Солнце светит,
Дождь прошёл.
Всем на свете хорошо!

• Какие цвета радуги ты можешь назвать? (красный, оранжевый, жёлтый, зелёный, голубой, синий, фиолетовый).

Цвета радуги учат запоминать так:
Каждый охотник желает знать, где сидит фазан.
(Первая буква — начальная в обозначении цветов радуги.)

Звук колокольчика мы передаём словами «динь-динь-динь». Вот почему мы называем [д']звонким звуком. Но звук [д] перестаёт звенеть в конце слова, становится негромким и глухим, как звук [т]. Обижается, наверное.

✓ 1. Читаем медленно.
Мы читаем без труда
Слоги до-, ду-, ды-, ди-, да-
А теперь наоборот:
- ад, -ид, -ыд, -уд, -од.

2. Вернёмся к букве «Р» и отгадаем загадку-рифмовку.
Тигр рычит.
Лев рычит.
Пёс ворчит.
Рак ...   (молчит)

3. Эта трудная скороговорка очень хорошо помогает ставить звук «Р» в сопоставлении с «Л».

Тридцать три корабля лавировали, лавировали, да не вылавировали.

Прочитай эти слоги и слова и обрати внимание на то, как произносится звук [д].

да	до	ду	ды	ди
дал	Ди́ма		дом	душ
дала́	Дина́ра		дома́	оди́н
да́ли	Да́ша		дым	сад

Придумай предложения со словами.

Прочитай.

ДО́МА

Тишина́. Ди́на до́ма одна́. Ма́ма ушла́ в  .

У Ди́ны  . Она _____

дом, сад, ма́му. Ди́на уста́ла. Она́ усну́ла.

Прочитай и придумай рассказ.
Расскажи.

Они́ до́ма одни́.

Оди́н Ди́ма. Одна́ Да́ша.

_____ _____ _____?

_____ _____!

 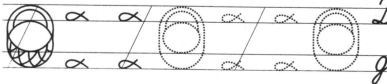

УРОК БУКВЫ «Б»

Читаем вместе с мамой.

> Встретились Бяка с Букой.
> Никто не издал ни звука.
> И Бука думал со скукой:
> «Чего он так смотрит — букой».
> И Бяка думал: «Однако,
> Какой он ужасный бяка...»
>
> *Б. Захадер*

- Как ты понимаешь слова «смотреть букой» и «быть бякой»?
- А может ли один и тот же ребёнок быть «букой» и «бякой»?

Буква «Б» обозначает весёлый и звонкий звук [б].

> Пара барабанов
> Била бурю.
> Пара барабанов
> Била бой.

Поэт Илья Сельвинский замечательно использовал звуки [б] и [р] для того, чтобы передать бой барабана. А почувствовали ли это ребята? Спросите их.

Об оглушении [б] в конце слова мы ещё поговорим, но голосом обращайте внимание детей на это явление.

дуб [дуп], зуб [зуп]

Немного грамматики

Обратите внимание ребят на то, что форма глагола зависит от рода и числа имён существительных и местоимений: он бил, она бил<u>а</u>, они бил<u>и</u>.

✓ 1. Произнеси быстро-быстро:
Все бобры для своих бобрят добры.

2. Прочитай и отгадай конец загадки-рифмовки.

> Ходит-бродит лесоруб
> И спилить он хочет ... (дуб)
> Но плохи его дела
> Поломалась вдруг ... (пила)
> Лесоруб с пилой исчез
> И остался целым ... (лес)

Произнеси эти слоги и прочитай слова, обрати внимание на то, как произносится звук [б].

Бб

па	по	пу	пи
ба	бо	бу	би

пам-бам   быб   биб   ба-ра-бан

пом-бом	бум	пум	барабан	бил
	был		бант	била
	была́		бинт	били
	бы́ли			

Запомни!

ОН	ОНА́	ОНИ́

Придумай рассказ к сказке.

он был	она́ была́	они́ бы́ли
он мыл	она́ мы́ла	они́ мы́ли
он уста́л	она́ уста́ла	они́ уста́ли
он усну́л	она́ усну́ла	они́ усну́ли
он писа́л	она́ писа́ла	они́ писа́ли

он бил   она́ би́ла

они́ би́ли

УРОК БУКВЫ «Э»

Читаем вместе с мамой.

СТРАУС И ДЕВОЧКА

Хорошо я знаю Эмму,
Но лишь в книжках видел Эму.
Эмма Эму – не сестрица.
Эмма девочка – он птица.
Я пишу стихи об Эмме,
И про Эмму и для Эммы...
С Эму нет такой проблемы
Эму остается Эму.

- А ты видел страусов? Расскажи о них.
- Могут ли они жить в холодных странах?

Букву «Э» немного трудно писать – так и хочется ее перевернуть. Она не похожа на буквы других европейских алфавитов, но зато похожа на букву «С» перед зеркалом, которая показывает язычок и говорит: *«Э-э-э, я совсем не С»*. Букву «Э» совсем не сложно произносить даже барашкам и козочкам:

«Мэ-э-э, бэ-э-э».

Интересно, что о тех, кто ничего не понимает или не хочет говорить, могут сказать:

«Он ни бэ, ни мэ, ни ку-ка-реку».

Вот так иногда, не задумываясь, обижаем мы прекрасных и полезных животных.
Звук [э] хорошо слышится в словечках-междометиях.
Сожаление: Эх! Жаль, что ты совсем не хочешь учиться.
Недоумение: Э-э-э, да ты совсем меня не понимаешь.

Немного грамматики

«Э» употребляется во всех местоимениях, которые указывают на тех или на то, что ближе к нам.

	ед. ч.		*мн. ч.*
м.р.	этот мальчик		мальчики
ж.р.	эта девочка	эти	девочки
ср. р.	это окно		окна

Сравните: **тот, та, то, те**

✓ Слова на «Э» почти все нерусского происхождения. Многие из них ребятам знакомы. Давайте вспомним их. Кто больше?

38

Произнеси эти слоги и обрати внимание на то, как произносится звук [э].

мэ-ми-му	Э́мма
бэ-би-бу	Э́лла
пэ-пи-пу	стра́ус Э́му

Это Ма́ша.

Прочитай и придумай рассказ.

Это дом  .

Это Анто́н.

Это сад.

Это Ма́ша. Она́ дала́ Анто́ну 📖 про стра́уса Э́му.
Анто́н рад. А это Э́мма. Она́ собира́ла 🌿 .
Это кни́га 📖 про стра́уса Э́му.

Прочитай и придумай
рассказ по рисунку.

Это наш дом и наш сад.
Это ма́ма и па́па. Это Ма́ша и Анто́н.

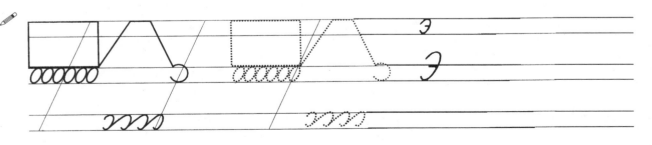

УРОК БУКВЫ «Г»

Читаем вместе с мамой.

> Голодно, холодно,
> Галки, воробьи?
> Голодно, голуби,
> Гуленьки мои?
> Прилетайте в гости,
> Полны у нас горсти!
> Клюйте, гостюйте,
> Не пугайтесь, клюйте!
> Гуль-гуль-гуль!

(!) «Гуль-гуль-гуль» — так зовут голубей.

• А ты кормишь птичек, когда им холодно и голодно?

• Названия каких птиц на букву «Г» ты знаешь?

Московское литературное произношение «Г» очень твёрдое — близкое к [к]. По этому звуку жители южных областей России определяют москвичей.

В конце слова «Г» произносится как [к] — слог [слок], за исключением одного слова — Бог [бох].

Дай вам Бог здоровья!

✓ 1. Хорошо произносить [г] ребятам поможет скороговорка о скороговорках.
Всех скороговорок не переговоришь.
Все скороговорки не выговоришь.

2. Поставить звук [г] вам поможет такая звуковая формула:
гбд ↔ дбг ↔ гдб ↔ бгд←

3. Придумаем конец загадок-рифмовок.
«Никого я не боюсь!» —
Говорил под горкой ... (гусь)
Дед Мороз ко мне придёт
И наступит ... (Новый год)

40

Произнеси эти слоги и слова и обрати внимание на то, как произносится звук [г].

Гг

са-со-сы-си	Гали́на
ма-мо-му-мы-ми	гу́си
ба-бо-бу-бы-би	горо́шина
га-го-гу-гы-ги	гнал
	прогна́л

Прочитай и придумай предложение.

Прочитай и придумай продолжение рассказа.

ГУ́СИ

Гали́на пасла́  . Она́ дала́ им  .
Гу́си _____ горо́шины. Гали́на уста́ла. Она́ уснула. А гу́си?
Гу́си: Га-Га-Га..... Они́ ушли́!
Это сад. И там гуси!
Но-Но-Но!
Анто́н прогна́л _____ .

_____ _____ ? Там гу́си?

_____ _____ ! Там гу́си!

_____ _____ . Там гу́си.

УРОК БУКВЫ «К»

Читаем вместе с мамой.

ВАСЬКА-КОТ

Васька-кот такой проказник.
У него не жизнь, а праздник.
Все хотят с котом поладить,
Приласкать его, погладить.
Он гуляет днём и ночью.
Спит и ест, когда захочет.
Как прекрасно быть котёнком
И как трудно быть ребёнком!

(!) праздник [празник].

- Ты согласен, что у Васьки «не жизнь, а праздник»?
- Трудно ли быть взрослым ребёнком?
- Можно ли позавидовать Ваське?
- Каких животных на букву «К» ты знаешь?

1. Прочитаем вместе чистоговорку.
   Кикимора кидалась кислой костяникой.
   Кикимора — это такая вредная особа из сказок, которая живёт на болотах.
2. Кто быстрее и лучше произнесёт старинную и немного странную скороговорку.
   Купи кипу пик.
   (!) Слово «кипа» осталось в выражениях «кипа бумаги» (неаккуратная кучка) и «кипа дел» (очень много).
3. Прочитаем стихотворение Е. Благининой про лягушку и кукушку. Звук [к] здесь слышится в самых различных сочетаниях с другими звуками.
   — Ква-ква, — урчит квакушка.
   — Ку-ку! — кричит кукушка.
   День целый по леску:
   — Ква-ква! Ку-ку!
   — Ква-ква! Ку-ку!
4. Из растения сделайте маленькое серенькое животное.
   КАМЫШ (МЫШКА)
5. Как из кошки сделать мошку и наоборот.
   КОШКА—МОШКА
6. Объясните ребёнку поговорку.
   Не всегда коту масленица (будет и великий пост)!

Произнеси эти слоги и обрати внимание на то, как произносится звук [к].

ка-га   кар-рак-гар-раг
ко-го   кол-лок-гол   -лог
ку-гу   кум-мул-муг-лум
ки-ги

Прочитай и придумай.

рыба   мак   молоко
рыбак   кто?   каша
карта   Кирилл   капуста
булка   Кира   сок
кукла

Прочитай.

У Кирилла стаканы. Он налил соку.
У Киры и Коли булки с маком,
а у Кирилла каша.
Но пора на урок!

Выучи.

КТО?   Кирилл   У КОГО?   у Кирилла
       Кира   у Киры
       кошка   у кошки

Прочитай и придумай.

кукла   рыбак   капуста

Кто это?
Это _____ .
У рыбака рыбка.

Кто это?
Это _____ .
У ____бант.

Кто это?
Это Кирилл.
У _____ .

Кто это?
Это Кира и _____ .
У Киры _____ .

43

УРОК БУКВ «Г» И «К»

Читаем вместе с мамой.

I.   Ехал грека через реку.
     Видит грека: в реке — рак.
     Сунул грека руку в реку.
     Рак за руку греку – цап!

II. Но не испугался грека.
     Он отважный был рыбак.
     И схватил он рака в руку.
     Раз! И рак о берег – бряк!

     Хочешь плавать в реках,
     Будь таким, как грека!

К старой скороговорке мы придумали новый конец.
- Как ты считаешь, именно так сделал грека или он стал кричать и плакать?
- А как бы ты поступил, купаясь в реке, где есть раки и щуки?

Звуки [г] и [к], как мы уже говорили, очень близки и по образованию, и по звучанию. А в конце слова «Г» вообще становится звуком [к]. Последнее следует особенно учитывать, чтобы избежать южнорусского акцента.

✓ 1. Сначала сравним произношение «Г» и «К» в позициях слова, где они наиболее чётко проявляются. Для этого используем скороговорку в начале учебного стихотворения про греку.

2. Для тренировки «К» воспользуемся старой скороговоркой.
        Кукушка кукушонку купила капюшон.
        Как в капюшоне он смешон!

3. Произношение [г] в конце слова можно потренировать нашей учебной рифмовкой.
        К дедушке приходит внук:
        «Дедушка, пойдём на луг.
        Там летает страшный жук,
        Он меня укусит вдруг...» —
        «Навсегда запомни, внук,
        Майский жук не враг, а друг».
    А ты боишься жуков? Правда ли, что «жук не враг, а друг» людям.

4. Отгадай загадку-складушку.
        Бедным зайкам не до игр,
        По кустам крадётся ...(тигр).

5. Сколько слов спряталось в слове РЫБАК? (рыба, бак, рак)

6. Как из слова ЛУГ сделать шум? (гул)

44

Произнеси эти слоги и обрати внимание на то, как произносятся звуки [г] и [к].

ка-ко-ки-ку
га-го-ги-гу

***Г——К

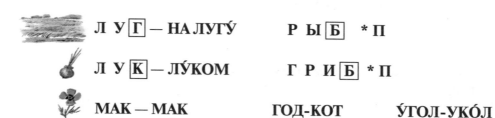

Л У Г – НА ЛУГУ́   Р Ы Б *П

Л У К – ЛУ́КОМ   Г Р И Б *П

МАК — МАК   ГОД-КОТ   У́ГОЛ-УКО́Л

Прочитай и придумай.
— Кто э́то?
— Э́то рыба́к Игна́т. У Игна́та ры́бка.
— А кто э́то?
— Э́то Кири́лл. Он рабо́тал на лугу́.
У Кири́лла коса́.

Рисуй.
Огоро́д: помидо́ры, лук, ре́па, ...
Сад: кусты́ мали́ны, сморо́дина, ...
Лес: грибы́, ...
Луг: ....

Огород: / ...
Сад: / ...

45

УРОК БУКВЫ «З»

Читаем вместе с мамой.

О БУКВЕ «З»

Можно спутать букву «З»
С чуть похожей буквой «Э».
«З» — зиг-заг и завитушка.
Букве «С» она подружка.
Я и сам писал не раз
С буквой «С» и «глаз» и «газ».

- Вспомним слова с буквой «З» в начале и в конце слова.
- Сравним произношение «З» в этих словах.

✓ 1. Сопоставим произношение «З» и «С» в начале и середине слова, где ярче проявляется их различие. В этом нам помогут рифмовки.

Зa-за-за — в дом влетела стрекоза.
Зу-зу-зу — мы прогнали стрекозу.
Зе-зе-зе — в доме плохо стрекозе.
Са-са-са — на траве лежит роса.
Су-су-су — осы пили ту росу.
Со-со-со — поломалось колесо.

2. Проговорим те же позиции, читая скороговорку.

Идёт козёл с косой козой.
Идёт козёл с босой козой.
Идёт коза с косым козлом.
Идёт коза с босым козлом.

(!) Обращаем каждый раз внимание ребят на то, что перед глухими согласными звонкие становятся глухими, как в конце слова:

РАССКАЗ [раскас], СКАЗКА [скаска]

3. Приучаем детей проверять звонкие и глухие согласные:

рассказ — рассказы
сказка — сказочка
раз — два раза
час — два часа

4. Кто быстрее и правильнее скажет?

Из кузова в кузов грузят арбузы.

5. Отгадаем загадку-складушку.

Берегите уши, нос
Ведь на улице ... (ɛodow)

Зз

Произнеси эти слоги и обрати внимание на то, как произносится звук [з].

за-зо-зу-зы-зы-зи	аз	саз
са-со-су-сы-си	оз	соз
ба-бо-бу-бы-би	уз	суз
па-по-пу-пы-пи	из	сиз

Прочитай.

Си́ма	ро́за	зима́	бы́стро
Зи́на	роса́	зуб	подари́ла
			пра́здник

З → С

та**з**	[с]	та́зик
ска**з**	[с]	сказа́л
ска**з**ка	[с]	

Прочитай.

ПРА́ЗДНИК

Пра́здник. Си́ма и Зи́на до́ма.
К ним приду́т го́сти.
Ма́ма и па́па подари́ли
ку́клу, кни́ги, ро́зы, торт.
Го́сти подари́ли пода́рки.
Му́зыка. Де́ти ра́ды.

⑦ Кто до́ма?
У кого́ пра́здник?
Де́ти ра́ды? А ма́ма и па́па?

Вы́учи пе́сенку «Карава́й».

Как на Зи́нины имени́ны
Испекли́ мы карава́й.
Вот тако́й вышины́
(поднима́ем руки),
Вот тако́й ширины́
(показываем руками).
Карава́й, карава́й,
Кого́ хо́чешь — выбира́й.

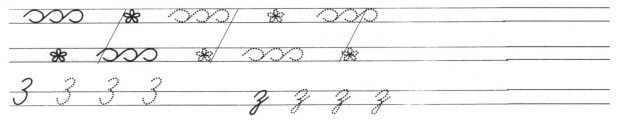

УРОК О ЗВОНКИХ И ГЛУХИХ СОГЛАСНЫХ

Читаем вместе с мамой.

> Ой, ой, ой! Болит мой зуб.
> Не могу есть даже суп.
> Я не плачу, не кричу,
> Побегу скорей к врачу.
> Пусть останусь я без зуба,
> Но зато наемся супа.

- Ты боишься зубного врача?
- Что нужно делать для того, чтобы не болели зубы?

Ребята, конечно же, заметили, читая правую страничку, что звонкие согласные в конце слова и перед другими глухими согласными сами становятся глухими. С ними они и образуют пары: ДУБЫ – ДУБ [дуп]; ШУБА – ШУБКА [шупка]; РАССКАЗЫ – РАССКАЗ [раскас] – СКАЗКА [скаска].

Глухие согласные, кроме «С», во всех позициях в слове так и остаются глухими:
> – Спасибо за покупку. Вот вам сдача [здача].

✓ 1. Прочитайте ребятам пословицы и поговорите о их смысле.
> Старый друг лучше новых двух.
> Сделал дело — гуляй смело.

2. Эти учебные рифмовки помогут ребятам понять сложное явление оглушения звонких согласных.

Г – К   Ко мне пришёл хороший ДРУГ,
И мы отправились на ЛУГ.
Там сказал я ДРУГУ:
«Давай бежать по КРУГУ».

Д – Т   Много-много лет НАЗАД
Посадил мой папа САД,
А в САДУ он сделал ПРУД,
В ПРУДУ лилии растут.
Я пошёл гулять на ПРУД
И сломал там тонкий ПРУТ.
С этим тоненьким ПРУТОМ
Я гуляю за ПРУДОМ.

3. Объясните ребятам значение поговорки:
> Терпенье и труд всё перетрут.

А как они понимают пословицу.
> Без труда не вынешь рыбку из пруда.

4. Попробуем посчитать палочками на бумаге, сколько «Б» и «П» в стихотворении в начале урока. Читаем медленно с оглушением «Б» в конце слова.

48

Произнеси эти слова и обрати внимание на то, как произносятся звуки.

Г → К	друг	*	к	круг	*	к
	плуг	*	к	луг	*	к
Б → П	шу́бка	*	п	дуб	*	п
	столб	*	п	ры́бка	*	п
Д → Т	сад	*	т	плод	*	т
	наза́д	*	т	год	*	т
З → С	моро́з	*	с	воз	*	с
	расска́з	*	с			

Прочитай.

НАШ САД

Э́то наш сад. Там расту́т абрико́сы, гру́ши, мали́на, сморо́дина. Бори́с и А́лик рабо́тали. Они́ собира́ли плоды́. Соба́ка Ша́рик была́ с ни́ми. О́коло Бори́са корзи́на. Там бато́н, сыр, ма́сло, молоко́.

А́лик угости́л Бори́са пирого́м. А Бори́с дал А́лику бара́нки.
— Спаси́бо, Бори́с!
— Спаси́бо, А́лик!

(?) Кто рабо́тал?
Кто угости́л Бори́са?

УРОК БУКВЫ «В»

Читаем вместе с мамой.

ДРАЗНИЛКА

Говорит печально Вова:
«Я пишу стихи и снова
Не найду для «Вовы» слова,
Потому что имя Вова
Рифму требует ... («Корова»)».
Успокоили мы Вову:
«Ты оставь свою «корову»,
А скажи-ка лучше «Вовка»
И получится ... («Морковка»)».

- А какое слово ты найдёшь для своего имени?
- Ребятам удалось утешить Вову?
- Они любят пошутить? А ты?

✓ 1. Прочитайте ребятам стихотворение «Дразнилка». Обратите внимание на оглушение «В» перед глухими согласными.
   Вова — Вовка [вофка] — морковка [маркофка].
   То же самое происходит в конце слова:
   Больше дела — меньше слов [слоф].

2. Очень часто бывает необходимым показать ребятам различие в произношении [б] и [в], например, с помощью чистоговорок.
   Волк весь вечер выл и выл,
   Но никто волка не бил.
   Невесёлым волк тот был,
   Он боялся острых вил.

3. Попробуем из этих странных слов получить вкусные фрукты:
   ВРУША ЛИНОГРАД ВЛИВА (груша, виноград, слива).

4. Заполним лесенку слов:

В		Л				
В		Л				
В		Л				
В		Л				
В		Л				
В		Л				

искусственный пригорок из земли (вал)
лесной зверь (волк)
ими убирают и грузят скошенную траву (вилы)
ею едят (вилка)
она бежит в море и качает корабли (волна)
на нём катаются (велосипед)

50

Произнеси эти слоги и обрати внимание на то, как произносится звук [в].

ва	ав	выв	
во	ов	выл	говори́т
ву	ув	вав	вы́росла
вы	ыв	вал	вы́рос
ви	ив	вил	Во́ва
вэ	эв	вам	Васили́са

двор   коро́ва

Прочитай.

Ра́но у́тром вы́пала роса́. У Во́вы и Бо́ри
ко́сы. Ко́сы остры́. Во́ва и Бо́ря коси́ли траву́.
Траву́ носи́ли ви́лами во двор.
Ба́бушка Васили́са сказа́ла:
– Спаси́бо, Во́ва! Спаси́бо Бо́ря!
Насту́пит зима́, а коро́ва сыта́!

ви́лы   трава́

❓ Кто коси́л траву́?

Куда́ носи́ли траву́?

Ба́бушка говори́ла ....

Выучи скороговорку!

Во дворе́ трава́, на траве́ дрова́

В – Б

ва-ба	вы-би
во-бо	ви-би
ву-бу	вэ-бэ

51

УРОК БУКВЫ «Ж»

Читаем вместе с мамой.

Жёлтый жук на одуванчик
Сел, как папа, — на диванчик.
И жужжит: «Жу-жу, жи-жи...
Не боюсь я вас, ежи,
Не страшны мне и ужи.
Жу-жу-жи и жу-жу-жи».
Пролетели вдруг стрижи
И не слышно больше «Жи...»
Жалко жука!

• Почему жук больше не жужжит?
• А тебе жалко жука?
• Почему так много «Ж» в этом стихотворении?

Буква «Ж» очень забавная, она похожа на жука и нравится иностранцам, в алфавите которых нет такой чудесной буквы.

А вот звук [ж] для многих из них ж-ж-жутко трудный — просто уж-ж-жас!

Добиваясь правильного произношения [ж], сравним его со звуками [с], [з] и [ш].

✓ 1. Прочитаем сначала медленно рифмовки:
Ша-Ша-Ша — я сижу у шалаша.
За-За-За — разыгралась вдруг гроза.
Са-Са-Са — под кустом сидит лиса.
Жа-Жа-Жа — она смотрит на чижа.
На чижа и на стрижа.

2. Попытаемся проговорить быстро несколько раз чистоговорку:
Над жасмином жук кружит,
Шмель в шиповнике шуршит,
А за зарослью мимозы разлеталися стрекозы.

(!) [ж] и [ш] — твёрдые звуки, и после них буква «И» произносится как [ы].

Буква «Ж» дружит с «Ш» и в конце слова, и перед глухими звуками читается как звук [ш]: уж [уш], стриж [стриш].

3. Заполни лесенку словами:

ж	а			
ж	а			
ж	а			
ж	а			

Может быть, это: жар, жало (у пчелы), жалко, жасмин.

4. Поговорим о пословице.
Кто с ученьем дружит, никогда не тужит (не горюет, тому будет легко).

52

Произнеси эти слоги и слова и обрати внимание на то, как произносится звук [ж].

жа-жо-жу-жэ
* жи
ша-шо-шу-шэ

Прочитай.

жуки́   осторо́жно   гара́ж

ж → [ш]

ну́жно   уж   гаражи́
эта́ж   ужи́   пассажи́ры
этажи́

Прочитай и придумай.

ИГРА́

Жа́нна и Жо́ра игра́ли. Они́ постро́или гара́ж.
У Жа́нны грузови́к. Она́ во́зит груз. У Жо́ры авто́бус.
Он во́зит пассажи́ров. Вот грузови́к.
Жа́нна: — Осторо́жно, Жо́ра! Тут груз!

Кто игра́л   ко́го- [каво́]   Запомни!
У кого́ грузови́к?   **ЖИ, ШИ пиши с И**
У кого́ авто́бус и маши́на?   **ЖИ, ШИ говори** ...!
Кто сказа́л «Осторо́жно!»?

лы́жи   мы́ши
кры́ши   кры́ши
ножи́   покажи́

кры́ши   ножи́   лы́жи

УРОК БУКВЫ «Й»

Читаем вместе с мамой.

Букву Й зовут «И кратким».
Й как И в твоей тетрадке,
Чтобы Й не путать с И,
Сверху галочку пиши.

В. Степанов

В русском языке всего несколько слов на букву «Й», да и то все они нерусские. Может быть, ты их знаешь?

Конечно же, ребята знают и слышали почти все слова на «Й». Вот, например, совсем недавно к нам пришло слово *йогурт*. А бабушки наши пили кислое молоко — *простоквашу* и *кефир*. «Й» называют «И» кратким, и наверное, совсем не случайно эта буква любит короткие и бойкие словечки-междометия.

✓ 1. Давайте прочитаем учебное стихотворение с короткими словами про «Й» краткое.

Если кто-то упадёт,
Ему срочно нужен Йод.
А пролив горячий чай,
Мальчик громко крикнет: Ай!
Ой! — Как холодно зимой.
Мы кричим в испуге: Ой!
И зовём к себе скорей:
Помогите, люди — Эй!

2. Приведите примеры, когда мы вскрикиваем Ай! Ой! Эй!

3. В конце слов, где особенно часто употребляется «Й», мы советуем произносить [и], но совсем коротенькое. Иностранцам, которые учат русский язык, это хорошо помогает.

В середине слова «Й» произносить сравнительно легко.

4. С помощью мамы угадай букву и прочитай слова.

а	й	к	а	маленький заяц (зайка)
а	й	к	а	то, что носят летом (майка)
а	й	к	а	то, чем закрепляют колеса на машине (гайка)
а	й	к	а	булочка (сайка)
а	й	к	а	собака (лайка)
а	й	к	а	выдуманная история (байка)

5. Угадай загадки-добавлялки:

Зайку бросила хозяйка,
Под дождём остался ... (зайка)

Эта птица любит море
И летает на просторе.
Эту птицу угадай-ка?
Ну конечно, это ... (чайка)

Что в стакане, угадай?
Ну конечно, сладкий ... (чай)

Скорей с дороги убегай,
По рельсам катится ... (трамвай)

Произнеси эти слова и обрати внимание на то, как произносится звук [й] в разных позициях.

найти́
дай
отда́й [д]   й-и
собира́й   мой-мой
домо́й   твой-твой
рису́й

Прочитай.

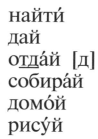

Мой кни́ги.   Твой кни́ги.

Прочитай и придумай: попуга́й — попуга́и

Спроси.
— ... ?
— У Айболи́та жи́ли попуга́и.
— ... ?
— Айболи́т помога́л живо́тным.
... ?Нарисуй Айболита

Одна́жды пришли́ к Айболи́ту коро́ва, волк и лиса́.
... ?
За́йка пла́кал, а Айболи́т...

Нарисуй Айболита

Й   *й*

УРОК БУКВЫ «Е»

Читаем вместе с мамой.

У Егора много дел:
Встал с постели и поел,
Телевизор посмотрел,
А затем обед согрел.

Кашу белую, как мел,
Еле-еле он доел.
Ведь обед — не обед,
Если мамы дома нет.

- Почему для Егора «обед — не обед?»
- А тебе грустно оставаться дома без мамы?
- Чем ты тогда занимаешься?

Вы заметили, читая стихотворение, что буква «Е» в нём произносится по-разному. Давайте сравним произношение «Е» в разных словах.

Под ударением в начале слова и после гласной мы слышим короткий звук [й], который называют *«йот»*, и знакомый нам звук [э]:

ЕЛ – ПОЕЛ – [йэл] – [пайэ́л]

Скороговорки нам помогут потренировать произношение этого сочетания звуков.

Мы у ели кисель ели.

Еле-еле кисель съели.

У ели ежи, а у ежей ежата.

(!) Не забывайте, что после «Ж», буква «И» звучит как [ы], а «Е» будет звучать как [э].
[йэжы] – [йэжэй]

Буква «Е» смягчает согласные, как и буква«И».
МЕЛ – СЕЛ [м'эл] [с'эл], ПОЛЕ [поли]
Без ударения «Е» произносится как [и].
ТЕЛЕВИЗОР [тиливизар], ТЕРЕМОК [тиримок].
В начале слова без ударения «Е» звучит как [йи]: Егор — [йигор].

Из-за леса, из-за гор едет дедушка Егор.

✓ 1. Прочитаем чистоговорку:
Всё вокруг зазеленело, заалело, засинело!
Вот и лето! Вот и лето!
В зелень все леса одеты.
2. Отгадаем загадку:
Скатерть бе́ла
Всю землю одела. (*гэнэ*)

Немного грамматики

Играя, учимся правильно образовывать множественное число прилагательных и предложный падеж существительных с предлогом «НА».

Сначала спрашиваем ребят, *какие листья бывают на деревьях?*

— Маленькие, большие, зелёные, жёлтые и т.д.

Какие листья на берёзе (тополе, клёне), а на сосне (ёлке, кедре)?

— А на ёлке иголки.

Ее

Произнеси эти слоги и обрати внимание на то, как произносятся звуки [йэ].

Е = й + э

ий — ей		ме	пе
эй — ей	ла-ли-ло-ле	ре	ве
ой — ей	мэ-мо-ми-ме	ле	се
		не	зе

Прочитай.

Расскажи сказку.

ТЕРЕМО́К

Стои́т в по́ле теремо́к. Бежи́т ми́мо мы́шка-нору́шка. Уви́дела теремо́к и спра́шивает:

— Те́рем-теремо́к! Кто в те́реме? Никого́ нет. Зашла́ мы́шка в теремо́к. Прискака́ла к те́рему квакушка   и спра́шивает:

— Те́рем- теремо́к! Кто в те́реме?

— Мы́шка-нору́шка! А ты кто?

— Квакушка.

— Иди́ ко мне!

Пры́гнула квакушка в теремо́к. Была́ мы́шка одна́. Ста́ло дво́е. Им ве́село.

Прочитай.

В ЛЕСУ́

Све́та и Ле́на шли по́ лесу. Тут и там росли́ высо́кие со́сны, ке́дры и е́ли.

— Смотри́, Ле́на, каки́е ши́шки на е́ли!

— И на сосне́ ши́шки! И на ке́дре!

Вы́шли Све́та и Ле́на на опу́шку ле́са. На опушке рос куст орешника.

— Сорви́ оре́шек! — про́сит Све́та.

Вку́сные оре́шки!

Найди ответы на вопросы   ГДЕ?   КАКИЕ?

УРОК БУКВЫ Ё

Читаем вместе с мамой.

> «Е» и «Ё» совсем как сёстры.
> Различать их так непросто.
> Лишь одно отличиЕ —
> Точек нет над буквой «Е».
> Из-за точек «Е» и «Ё»
> Значат каждая своё.

• Вспомни слова с буквой «Ё» и произнеси их с буквой «Е». Что получится? (ёлка-елка, ёж — еж и т.п.). Правда, смешно?

Алфавит, который мы называем «русским», родился в Болгарии более тысячи лет назад. Он был создан братьями Кириллом и Мефодием. Мы называем их святыми за то, что они несли просвещение и христианство в славянские земли.

Буква «Ё» самая молодая в нашей азбуке — ей всего 200 лет. И хотя букву «Ё» не часто пишут и печатают, заменяя её на «Е», знать её необходимо. Иначе ведь вместо праздника новогодней ёлки у нас будет ЕЛКА, где чай мы будем пить не со вкусным МЁДОМ, а с ужасным МЕДОМ.

Буква «Ё» всегда ударная и обозначает в начале слова и после гласных сложный звук [йо]. Даже после согласных «йот», пусть и очень маленький, сохраняется.

БЕРЁЗА [бир'йóза], ГНЁЗДЫШКО [гн'йоздышка].

Давайте прочитаем учебное стихотворение про *ежа* и про *ерша*. Обратим внимание мимикой ([йо] — вытянутые губы) и голосом на различие между [йо] и [йэ] в одних и тех же словах, где происходит их чередование.

О ЕРШЕ И О ЕЖЕ

> Ёрш и ёж весьма похожи.
> Ёрш колюч и ёжик тоже.
> Хочет ёрш дружить с ежом.
> Ёж не прочь дружить с ершом.
> Ёрш живёт в траве, в реке.
> Ёж — в траве, невдалеке.
> Подскажите, братцы,
> Где б им повстречаться.

(!) «- ться» произносится в разговорной речи как [-ца].

✓ 1. Играя, попробуем на слух различать «Е» и «Ё». *При «Ё» — встали и стоим. При «Е» сели и сидим.* Читаем медленно, с паузами.

> Снег бел, ели белы, **ёлка** белá.
> В **тёплый** день так тепло.
> На горе зелёный **клён**,
> Он **берёзе шлёт** поклон.

2. Придумаем конец загадки.

> Зелёная косынка
> И платьице — в полоску.
> Я люблю так дерево,
> Дерево ...(БЕРЁЗКУ).

> Если в поле ты пойдёшь,
> В поле ты меня найдёшь.
> Скромный голубой цветок,
> А зовусь я... (ВАСИЛЁК).

58

Прочитай эти слоги и слова и обрати внимание на то, как произносятся звуки [йо].

ло — ро — со — то — во — зо
лё — рё — сё — тё — вё — зё

Ёр ёрш несёт   Ё = й + о
Ёл ёлка зовёт
Ёж ёжик даёт

Прочитай.

ЁЖИК

Стоит в лесу́ пенёк. Под ним живёт ёжик.
Зверёк гото́вит к зиме́ свой до́мик. Он бу́дет тёплым.
Найдёт ёжик у берёзки и́ли у
клёна жёлтые ли́стики, наколет на иго́лки.
Пото́м несёт в до́мик.
Придёт зима́. Ёжик сла́дко уснёт в своём
гнёздышке до весны́.

? Расскажи́, где живёт ёжик?
Как он гото́вится к зиме́?
Како́е у него́ [ив] гнёздышко?
    У него́ [ив]

Прочитай.

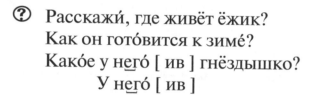

БЕРЁЗА

На лугу́ растёт берёза. У неё бе́лый ствол и зелёные ли́стики. Берёза — краси́вое де́рево. Расскажи́ о берёзе!

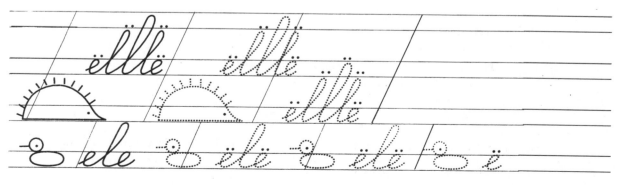

59

УРОК БУКВЫ «Я»

Читаем вместе с мамой.

> Если скромным быть хотите,
> Если умным быть хотите,
> Никогда не говорите
> Постоянно «Я» да «Я».
> Посмотрите в алфавите
> И увидите, что «Я»
> Буква самаЯ последнЯЯ.

- Ты не знаешь, кому и когда говорят: *«Буква «Я» самая последняя в алфавите»?*
- Ты знаком с ребятами, которые постоянно говорят: *«я-я-я»*, то есть — *«якают»?*
- За буквой «Я» скрывается сочетание [йа]. Уже знакомый нам *«йот»* ярко проявляется в начале слова и после гласных.

> ЯБЛОКО   ЯЗЫК   ЯГОДЫ
> МОЯ   ТВОЯ   МАЯК

После гласных *«йот»* почти сходит на нет, но не превращается в [и], как это часто бывает в речи иностранцев.

✓ 1. Прочитаем ребятам пословицы:

    а) Яблочко от яблони далеко не падает.

    б) Язык до Киева доведёт.

    в) Языком не торопись, а делом не ленись.

2. Спросим ребят, как они понимают эти пословицы.

(!) — Объясните детям, что Киев считался на Руси святым городом, куда стремились попасть верующие. В европейских языках существует подобная поговорка с городом Римом.

3. Играя, поможем ребятам услышать «Я» после согласных, которые она смягчает. Читаем медленно стихи, а ребята палочками на бумаге отмечают [йа], когда они этот звук услышат. Побеждает тот, кто больше услышит звуков [йа].

ПЕСЕНКА ЛЯГУШКИ

> Я лягушка,
> Я квакушка.
> У меня большое брюшко.
> Для меня поёт кукушка —
> Моя милая подружка.
> Надо мной летает мошка.
> Я не трону эту крошку.
> Вот какая Я —
> Добрая, хорошаЯ.

(!) Обратите внимание на «Я» после согласных — в этой позиции ребятам трудно услышать [йа].

Игру можно повторить со звуком [ш].

60

Произнеси эти слоги и обрати внимание на то, как произносятся звуки [йа].

ба-бя	за-зя	таб-тяп	яз
да-дя	ба-бя	дад-дяд	яс
ла-ля	ма-мя	лад-ляд	яд
на-ня	па-пя	нас-ня	ял
са-ся	та-тя	тат-тят	яр

Прочитай.

я́блоко	поря́док
Я́ша	я́годы
ряд	я́сли
заря́дка	поря́док
столо́вая	ряби́на

я́блоко   я́годы   ряби́на

Прочитай.

В ЗООПА́РКЕ

Пе́тя, Га́ля, Та́ня и Ми́тя бы́ли в зоопа́рке. Там ребя́та ви́дели бе́лку, лису́, орла́, во́лка, медве́дя.

Ми́тя мал. Он испуга́лся медве́дя и запла́кал. Сестра́ Та́ня сказа́ла:
— Не бо́йся, Ми́тя! Он в кле́тке!

До́ма де́ти нарисова́ли звере́й. Та́ня дала́ свой рису́нок Ми́те.
— На, рису́нок, Ми́тя! Отнеси́ в я́сли!

Расскажи, кого нарисовали ребята?

Кто испуга́лся медве́дя?

Кто подари́л свой рису́нок Ми́те?

А ты был в зоопа́рке?

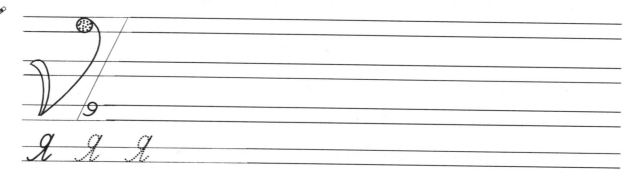

УРОК БУКВЫ «Х»

Читаем вместе с мамой.

Буква «Ха» — неплоха.
Это смех: Ха-ха-ха.
Это вздох: Ох-ох-ох.
Это страх: Ах!-ах!-ах!
И растерянность: Ах-ах.
Я лечу на санках: Ух!
Повалился на бок: Бух!

...Эх! Мне так не повезло.
А девчонки мне назло:
— Хи-хи-хи да ха-ха-ха.
Ах, какая чепуха!
Всё случается в горах:
Ой! и Ух! и Ох! и Ах!
Ух, — всё!

- Вот сколько чувств можно выразить маленькими словами-междометиями с буквой «Х»!

✓ 1. Из учебного стихотворения выбери словечки с буквой «Х», чтобы показать, что:
— тебе страшно (ах!);
— ты о чём-то жалеешь и вздыхаешь (ох);
— тебе что-то ужасно понравилось и удивило (ух!);
— ты о чём-то сожалеешь (эх!);
— ты закончил тяжёлое занятие наконец-то (ух!).

2. О каком человеке говорят: «*Ему всё хиханьки да хаханьки*»? Может быть, о том, кто ко всему относится не очень серьёзно, о несерьёзном человеке?

Звук, который обозначается буквой «Х», далёк от звука [к]. Это лёгкий, придыхательный звук. Тренировать его произношение актёрам советуют по формуле, которой уже более ста лет.
ххы↔ххэ↔хха↔ххо↔ххху↔ххи↔ххе↔ххя↔ххю
Проще всего произносить звук [х], когда после него следует гласный звук, как в этих скороговорках.

Прохор и Пахом ехали верхом.

Хохлатые хохотушки хохотали,
хохотали: Ха! Ха! Ха! Ха!
Труднее звук [х] произносится в сочетаниях с согласными.
Хряк хрюкал: хрю-хрю.

Хвалю халву. Хвала халве.

3. Прочитайте скороговорки медленно, а затем всё быстрее.

4. Кого называют «хохотун» и «хохотушка»?

5. Ты согласен с пословицей «Старый друг лучше новых двух»?

62

Произнеси эти слоги и обрати внимание на то, как произносится звук [х].

ха	ах	ух-ох-их-ах
хо	ох	мох
хи	их	пух
хе	ех	петýх

Прочитай.

сáхар	халáт	плóхо	хи́трый⇒он
хлеб	хоккéй	ýхо	хи́трая⇒онá
хорошó	охóта	ухáживает	
хвост	охóтник	хóдит	

Прочитай.

НА ОХÓТЕ

Охóтник дя́дя Захáр рассказáл:

— Однáжды зимóй я ходи́л на охóту. Ви́дел лисý. У лисы́ краси́вый, пуши́стый хвост, ры́жая шýба. Онá хи́трая. Уви́дела меня́ и убежáла в лес. Я её не догнáл.

❓ Кто расскáзывал о лисé?

Какáя лисá?

Прочитай и придумай предложения.

 Мóжно

 Нельзя́

 Хорошó

 Плóхо

Придумай и расскажи.

Тебé помогýт словá: ухáживает за бáбушкой; шуми́т на урóке; помогáет мáме; игрáет в хоккéй; некраси́во, гря́зно пи́шет.

УРОК БУКВЫ «Ь» — МЯГКИЙ ЗНАК

Читаем вместе с мамой.

Ь

Это буква, а не звук.
Без неё мы как без рук.
Без неё морская мель
Превратится в белый мел.
И конечно, чёрный уголь
Превратится в острый угол.
Цифра «шесть» вдруг станет палкой,
А речная галька — галкой.
Соловьям и воробьям,
И проворным муравьям
Без тебя нельзя никак,
Наш волшебный мягкий знак!

✓ 1. Выделяя голосом слова с мягким знаком, поможем ребятам «подсчитать», сколько таких слов в стихотворении. Слушая чтение, ребята палочками на бумаге отмечают эти слова. Побеждает тот, у кого палочек больше.

2. Затем мы говорим слова с мягким знаком, а ребята — без него.

шесть — шест
галька — галка

Мягкий знак всегда маленькая буква — вот она и прячется в середине слов или в конце.

В стихотворении мы совсем не случайно назвали «**Ь**» волшебным:

— он превращает одно слово в другое: *полка — полька*;

— он смягчает твёрдые согласные, увеличивая количество звуков в русском языке и обогащая его;

— в конце слова мягкий знак указывает на род существительных: *ночь, мощь, синь*;

— он помогает определять форму глагола: *есть* — он *ест* и отделять глагол от существительного — *брат — брать*.

(!) При чтении дети иногда путают «**Ь**» и букву «**Ы**»: ПЫЛЬ – БЫЛЬ.

✓ 1. В каких цифрах есть мягкий знак?

| 1 | 2 | 3 | 4 | 5 | 6 | 7 | 8 | 9 | 10 |

2. Это есть

у птиц ⬜⬜⬜ ь я (крылья)
на деревьях ⬜⬜⬜ ь я (листья)
в комнатах ⬜⬜⬜ ь я (стулья)

64

Произнеси эти слоги.

аль	лье	Мол – моль	Мел – мель
оль	льи	Шест – шесть	Мат – мать
иль	лья	У́гол – у́голь	
ыль	льё		
ель	вье		
уль	вьё		
	вья		

пальто́

пла́тье

гла́дить

Прочитай.

Наступи́ла весна́. Снег на́чал та́ять. Везде́ лу́жи. Малы́ш реши́л перепры́гнуть че́рез лу́жу. Пры́гает — и пря́мо в во́ду. Во все сто́роны летя́т бры́зги. Придёт он домо́й весь мо́крый. Ма́ма бу́дет руга́ть малыша́: «Нельзя́ пры́гать в лу́жу!»

Пото́м ска́жет: «Снима́й пальто́. Бу́дем суши́ть».

Прочитай и запомни!

5 – э́то пять

6 – э́то шесть

7 – э́то семь.

8 – э́то во́семь

9 – э́то де́вять

10 – э́то де́сять

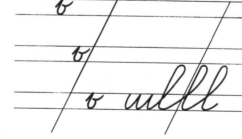

Продолжение урока

3. украшение | | | ь | | (кольцо)
    одежда | | | ь | | (пальто)
    зимний спорт | | | ь | | (коньки)

4. Продолжи ласкательные имена: *Маша – Машенька; Настя; Катя; Вася; Петя.*

5. Как ты понимаешь поговорки:

Сколько голов, столько умов.

Ученье свет, а неученье тьма.

Ещё о «мягком знаке»

Поговорим о некоторых трудностях произношения слов с мягким знаком.

✓ 1. Если у ребят не получается мягкий согласный в конце слова, посоветуйте им после него «поставить» совсем маленький звук [и].

Постепенно сокращайте его за счёт быстроты произношения.

кровати – кроват(и) – кровать (кроват')

То же самое – в позиции между двумя согласными: *тюльпан* [тиулипан], [тиул'пан].

2. Особенно трудно детям «отделять» гласный от мягкого согласного. Здесь нам помогут рифмовки-чистоговорки.

бьи-бьи-бьи

Прилетели воробьи,

вьи-вьи-вьи

И запели соловьи.

Или такие чистоговорки:

Дождик воду льёт на лёд.

Вьюга вьётся, в окна бьётся.

Пеночка пьёт и поёт: «пью – пью».

3. «Быть или не быть?»

Играя, будем учиться произносить инфинитивные формы глаголов с мягким знаком. Кто скажет больше слов-сомнений.

Гулять или не гулять?

Есть или не есть?

Но: *«Идти или не идти»* – не подходит.

(!) *Ж – Ш* и с мягким знаком остаются твёрдыми

шью [шйу], рожью [рожйу], ешь [еш], режь [реш].

А мягкие звуки – мягкими: ночь, речь.

66

Продолжение урока

Произнеси эти слоги и обрати внимание на то, какая разница в произношении звуков.

ря	— ля	— лья	льёт
рё	— лё	— льё	воробей — воробьи
ри	— ли	— льи	соловей — соловьи
ре	— ле	— лье	коньки
вя	— вья	— ва	кататься
ви	— вьи	— вы	клюшка
ве	— вье	— вэ	

Прочитай.

КАТОК

На школьном дворе сделали каток. После занятий мы бежим домой. Дома пообедаем, потом возьмём коньки и пойдём кататься. На катке много ребят. У меня есть клюшка и шайба. Я буду играть в хоккей. Дима из второго класса умеет рисовать коньками на льду восьмёрку. Покатаемся, потом идём готовить уроки.

Найди и обведи разноцветными карандашами слова, где есть Ь в середине, где Ь — в конце.

Напиши 4 слова, где Ь — в конце.

67

УРОК БУКВЫ «Ч»

Читаем вместе с мамой.

> Подогрела чайка чайник,
> Пригласила восемь чаек.
> Прилетели все на чай!
> Сколько чаек — отвечай!
>
> Я молчу — не отвечаю.
> Три... четыре... я считаю.
> А считая, замечаю —
> Я хочу с печеньем чаю.

(!) сч — произносится как очень лёгкое [щ].

- Сколько чаек прилетело к чаю?
- А с чем ты любишь пить чай?
- Придумай слова на букву «Ч».

Звук [ч] для ребят совсем нетрудный. Но беда в том, что на него могут повлиять звуки [ч] тех языков, в среде которых живут наши дети.

Самый главный совет здесь — не прижимать очень сильно язык к нёбу и не превращать звук [ч] в сочетание [тч]. Тогда всё будет в порядке. Наиболее простая позиция для постановки [ч] — перед гласным звуком.

✓ 1. Читаем и повторяем всё быстрее вперёд и обратно:

   чи – че – ча – чо – чу – чи←

2. Читаем и повторяем:

   чо-чо-чо — горячо

   чи-чи-чи — вот ключи

   ча-ча-ча — нет ключа

   чу-чу-чу — я шучу

   че-че-че — сидит ёжик на плече

   оч-оч-оч — он не хочет мне помочь

Труднее всего отделить звук [ч] от последующей гласной, когда этого требует мягкий знак.

   Чья? — моя. Чьё? — моё. Чьи? — мои. Чью? — мою.

Приведённые выше примеры можно использовать и как упражнения по грамматике, добавив вопрос «Чей?» — (Мой).

68

Произнеси эти слоги и слова и обрати внимание на то, как произносится звук [ч].

ча	ша	жа	зрители
чу	шу	жо	часы́
чо	шо	жу	представле́ние
чи	ши	жи	стуча́т
че	ше	же	зазвуча́ла

Прочитай.

ВОЛШЕ́БНЫЕ ЧАСЫ́

Вы ви́дели часы́ с представле́нием?
Таки́е часы́ на стене́ Теа́тра ку́кол в Москве́.
Там всегда́ мно́го дете́й. В 12 часо́в к зри́телям

повернýлся петушóк и грóмко закрича́л:
«Ку-ка-ре-ку». Он позва́л ребя́т на представле́ние. В окóшках музыка́нты: козёл, медве́дь, бара́н, сова́. Музыка́нты игра́ют. Зазвуча́ла весёлая мýзыка. А рóвно чéрез час петушóк закричи́т снóва.

❓ Кто зовёт ребя́т на представле́ние?

Отгада́й.

Идýт — стуча́т.
Стоя́т — стуча́т.

❓ Что дéлать? Стуча́ть, молча́ть, звони́ть.
Что сдéлать? Постуча́ть, замолча́ть, позвони́ть.

69

Продолжение урока

Немного грамматики

✓ 1. Прочитайте и ответьте со словами «мой», «моя» и др.
Чей чай? Чья чашка? Чьё печенье? Чьи часы?

2. Теперь мы сможем прочитать слова весёлой песенки, которую знали и любили ваши дедушки и бабушки:
У дороги чибис,
У дороги чибис,
Он кричит, волнуется, чудак:
— А скажите, чьи вы?
А скажите, чьи вы?
И зачем, зачем идёте вы сюда?

А. Пришелец

3. Заполним лесенку слов:

ч	а					
ч	а					
ч	а					
ч	а					
ч	а					
ч	а					

время (час)
они показывают время (часы)
морская птица (чайка)
в чём готовят чай (чайник)
солдат на посту (часовой)
маленькая весёлая русская
песенка (частушка)

4. Отгадай загадку:
Палочка в ручке,
А ниточка в речке. (*удочка*)

(!) Не забываем, что в словах *что* и *чтобы* вместо [ч] мы говорим [ш].

По старой московской традиции слова «конечно» и «булочная» мы произносим как [канешна], [булашнайа].

Продолжение урока

Произнеси эти слова и слоги и обрати внимание на то, как произносятся звуки.

[Чч] [Шш] [Сс]

са	ша	ча	ча́шка
со	шо	чо	ча́йник
су	шу	чу	самова́р
се	ше	че	су́шка
			шу́бка
			ша́пка

Прочитай и выучи скороговорку:

Четы́ре в ко́мнате угла́,
Четы́ре но́жки у стола́,
И по четы́ре но́жки
У мы́шки и у ко́шки.

Это де́вочка.

Это ма́льчик.

Прочитай.

ДО́МА

Вся семья́ де́вочки и ма́льчика была́ до́ма. Де́душка чита́ет газе́ту. Ба́бушка вя́жет, сестра́ Са́ша мо́ет посу́ду, а ма́ма убира́ет ча́шки в шкаф. Мла́дший брат у́чит уро́ки.

? Что все де́лали до́ма?
Что ты де́лал(а) до́ма? Расскажи́.

71

УРОК БУКВЫ «Ю»

Читаем вместе с мамой.

Горько плачет буква «Ю»:
— Кто поймёт печаль мою?
Быть хочу я первоЮ,
А не предпоследнеЮ.
Отвечает буква «Я»:
— Ты теряешь своё «я».
Где ты видела ЮВТОБУС?
Где летает ЮЭРОБУС?
А какой, прости, на вкус

Очень странный фрукт ЮРБУЗ?
Для больного человека
не нужна твоя ЮПТЕКА.
Между тем без буквы «Ю»
Я не пьЮ и не поЮ.
Без тебя исчезнет «Юг»,
Без тебя не станет вьЮг.
Улыбнулась буква «Ю»
И забыла грусть своЮ.

- Верни в слова, написанные большими буквами, букву «А».
- Какие слова с «Ю» в начале слова ты знаешь?
- Можно ли к этой истории приложить поговорку:

       Не место красит человека,
       А человек — место.

Буква «Ю» сложна по написанию и по звучанию.
Иногда её путают с сочетанием букв «Н» и «О».

       «Ю» — я поЮ.
       Ну а НО —
       Иду в киНО.

В начале слова, после гласных и после разделительного мягкого знака буква «Ю» обозначает сочетание звуков [йу].

✓ Для постановки [йу] в этих позициях мы советуем вам прибегать по мере надобности к следующим упражнениям:

       1) повторяем → и – е – ё – я – ю←
       2) читаем → Юра и Юля – Июнь – Июль – осенью и ночью – бью и вью – зимою и весною ←
       3) читаем и повторяем всё быстрее:
              У юного юнги в уютной каюте компьютер.

После согласных «Ю» обозначает их смягчение и произносится ближе к «У». Под влиянием других языков именно здесь возможно разделение, которое мы наблюдаем, когда иностранцы произносят слово «люблю» [л'йубл'йу].

Потренировать эту позицию вам помогут таблицы на правой странице и это маленькое стихотворение:

✓ 1.   Маму я свою люблю,
              Ей я помогаю:
              Сладко ем и крепко сплю,
              А потом играю.

Ты так же хорошо помогаешь маме?

2. Отгадаем загадки-складушки.
       Его бьют, он не плачет,   От угла и до угла
       только прыгает и скачет. С шумом кружится ... (юла)
       Ну конечно, это ... (мячик)

Произнеси эти слоги и обрати внимание на то, как нужно произносить звуки [йу].

лу — лю — ле — ло — лу   юш
ру — рю — ре — ро — ру   юр
ду — дю — де — до — ду   юн
ту — тю — те — то — ту   юс
ну — ню — не — но — ну   юл

Прочитай.

СКÁЗКА О ЖИВÓТНЫХ

Пришлú живóтные к лю́дям и сказáли:
— Дáйте нам рабóту!
— Что вы бу́дете дéлать? — спросúли лю́ди.
Лóшади сказáли:
— Мы бу́дем рабóтать в пóле.
Корóва сказáла:
— А я бу́ду давáть молокó.
Барáн сказáл:
— Я дам тёплую одéжду.

Пету́х добáвил:
— Я рáно у́тром всех поднимáю.
А собáка сказáла:
— Я охраня́ю дом.
— Хорошó — отвéтили лю́ди. — Бу́дет вам рабóта.
С тех пор лю́ди и живóтные живу́т ря́дом и помогáют друг дру́гу.

Отгадай.

Голóдная — мычúт, сы́тая — жуёт, Ребя́там молокá даёт.

 Кто пришёл к лю́дям?
Расскажú скáзку.

Ю ю ю
Ю ю ю

O o
O Ш

УРОК БУКВЫ «Ф»

Читаем вместе с мамой.

> Сказала тётя: Фи, футбол!
> Сказала мама: Фу, футбол!
> Сестра сказала: Ну, футбол...
> А я ответил: Во, футбол!
>
> *Г. Сапгир*

- Как ты думаешь, кто в этом стихотворении любит футбол, а кто нет?
- А тебе нравится футбол?

(!) Маленькие словечки-междометия имеют большое значение в общении. Они наиболее точно и искренне показывают эмоциональное отношение человека к чему-либо. В разных языках и культурах междометия очень разные. Вот почему их необходимо знать. О чём нам говорят междометия в стихотворении замечательного детского поэта?

«*Фи*» — снисходительное презрение. «*Фу*» — отвращение. «*Ну*» — равнодушие, а «*Во!*» — восторженное детское восхищение: «Он футболист — Во!» В старину букву «Ф» называли — «ферт». Она очень похожа на человечка, который стоит «руки в боки», ничего не делает и красуется, собой любуется. О таких и говорили: «Он стоит (или ходит) «фертом». Кстати, ребёнок очень быстро запоминает букву «Ф», если на нём мы покажем, как стоять «фертом».

Русский язык был всегда гостеприимно распахнут для слов других языков, не только не теряя при этом, а усиливая, свою самобытность. Вот и буква «Ф» пришла к нам из греческого алфавита и привела с собой много-много греческих и других иноземных слов. Посмотрите в словарь и вы сразу это увидите.

Звук [ф] произносить совсем не трудно, хотя следите, чтобы он не перешёл в сложный звук [хв] или в звук [в]. Поэтому не следует его ослаблять и сдвигать от губ к нёбу.

Постановке [ф] помогает движение по фонетической цепочке и сравнительные таблицы на правой странице.

фы — фэ — фа — фо — фу←
фи — фе — фя — фё — фю←

✓ 1. Прочитаем старинные скороговорки. Они, как всегда, наши верные и незаменимые помощницы.

У Феофана Митрофаныча три сына Феофаныча.

У Фёклы фуфайка, а у Фени туфли.

2. О человеке, который старается выдавать себя за другого, более умного, или очень уж хочет быть похожим на него, говорят: «*Федот, да не тот*». Поговорим об этом с ребятами.

3. Вспомним слова, которые начинаются на «фа» — (фасоль, фазан и др.) и кончаются на — «фон» (телефон и др.).

Произнеси эти слоги и обрати внимание на то, как произносится звук [ф].

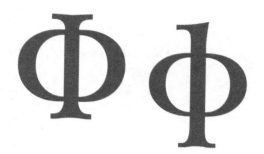

ва — фа	ви — фи	ву — фу
во — фо	вы — фы	вю — фю
ве — фе	вя — фя	
вэ — фэ	вё — фё	

Прочитай и придумай.

ФУТБО́Л

Э́то шко́льный стадио́н.

Идёт игра́. Ученики́ игра́ют в футбо́л. Фёдор был вратарём, и Во́ва то́же стоя́л на воро́тах. Во́ва пойма́л мяч, а Фёдор пропусти́л. Кома́нда Фёдора проигра́ла.

А ученики́ кома́нды Во́вы вы́играли! Их награди́ли конфе́тами. Они́ ра́ды.

Ты лю́бишь игра́ть в футбо́л?

— Да, я люблю́ игра́ть в футбо́л.

— Нет, я не люблю́ игра́ть в футбо́л.

Твоя́ кома́нда всегда́ вы́игрывает?

— Да, моя́ кома́нда всегда́ вы́игрывает.

— Нет, моя́ кома́нда иногда́ прои́грывает.

Прочитай и придумай.

Вы́играл — проигра́л

Расскажи.

УРОК БУКВЫ «Щ»

Читаем вместе с мамой.

ВОЛКОДАВ

Злые волки, злые волки
Забрались к нам ночью в дом!
Наш щенок зубами щёлкал
И рычал, как тигр, при том.
Одного он цапнул крепко
И другого грызть пор-р-р-а...

Наши щётки просто в щепки
Превратил он до утра.
«Волкодав!» — отец хохочет.
«Наш защитник» — говорит.
Шёлковый бочок щекочет
И за бой благодарит.

(!) Волкодав — это собака, с которой охотятся на волков.
- Почему папа восхищался щенком?
- А ты бы хотел иметь щенка?
- Какие собаки тебе нравятся?
- Какие слова на букву «Щ» ты знаешь?

Буква «Щ» похожа на щётку и на щетину. Когда собака бывает сердитой, у неё поднимается шерсть, и тогда говорят «ощетинилась».

Буква «Щ» близка к букве «Ш» как «щетина» к «шерсти»: щетина — жёсткий покров у животных, например у поросят, а шерсть более мягкая, как, например, у собаки.

Но если серьёзно, то эти звуки очень близки, и русские дети и иностранцы их смешивают, точно так же, как путают буквы «Ш» и «Щ». А ещё к этим звукам примешивается звук [ч]. Эту троицу называют шипящими звуками: ЧАША — ЧАЩА — ЧА -ЧА -ЧА (танец).

При возникновении трудностей с этими звуками или при их смешении можно использовать эти цепочки:

чи — че — ча — чё(о) — чу(ю)←
шши(ы) — шше(э) — шша — шшо — шшу←

(Двойное прочтение поможет сделать произношение звука более «шипящим» и протяжённым).

 щи — ще — ща — що — щу←

✓ 1. Заполните домик буквами и прочитайте слова:

Щ			
Щ			
Щ			
Щ			
Щ			
Щ			
Щ			
Щ			

русский суп (щи)
этим защищались древние воины (щит)
зубастая рыба (щука)
часть нашего лица (щека)
дырочка в полу, в стене и т.п. (щель)
осколок дерева (щепка)
маленькая собачка (щенок)
они разные: ими чистят зубы, одежду, пол и т.д. (щётка)

2. Прочитаем несколько раз всё быстрее и быстрее:
Тщетно (напрасно) тщится (старается) щучка щекотать леща.

Чешуя у щучки, щетинка у чушки (поросёнок), а у щенка шёрстка.

Произнеси эти слова и слоги и обрати внимание на то, как произносится звук [щ].

ша — са — ща я́щик
шо — со — що щётка
шу — су — щу щёпок
ше — се — ще ищу́

угощу́

исчеза́ть щ = сч, жч

сча́стье, мужчи́на

Вы́учи вместе с мамой.

Два щенка́, щека́ к щеке́, гры́зли щётку

Прочитай.

ЩЕНО́К

Шу́ре Ва́щенко подари́ли щенка́. Щено́к был краси́вый: бе́лый, пуши́стый, а одно́ у́хо ры́жее. Шу́ра назвала́ его́ Пушо́к. Пушо́к рос, а у Шу́ры ста́ли исчеза́ть ве́щи. Она́ до́лго иска́ла по утра́м свои́ та́почки, щётки и игру́шки.

— Что ты де́лаешь? — спра́шивала ма́ма.

— Я ищу́ щётку для оде́жды. Её вчера́ наш щено́к утащи́л.

— Где твои́ та́почки, Шу́ра?

— Их Пушо́к унёс.

— Пло́хо ты, Шу́ра, воспи́тываешь щенка́.

Ка́ждой ве́щи — своё ме́сто. Вы́рос Пушо́к и ст___ шни___ом.

Приду́май рассказ.

Расскажи́ по карти́нкам:

Есть ра́зные щётки...

УРОК БУКВЫ «Ц»

Читаем вместе с мамой.

ЦЫПЛЁНОК

Цыплёнок в цирке выступал,
Играл он на цимбалах,
На мотоцикле разъезжал
И цифры знал немало.

Он из цилиндра доставал
Морковь и огурцы.
И только одного не знал,
Где «И», а где же «Ы».

Из детской передачи «Радионяня»

Вот какой цыплёнок. Как говорят: «Маленький, да удаленький!» Цыплёнок мог всё, но не знал, где после «Ц» следует писать «И», а где «Ы». Этого порой не знают не только дети, но и взрослые. Дело в том, что звук [ц] всегда твёрдый, и звук [и] после него произносится как [ы].

- Но вернёмся к нашему Цыплёнку из цирка. А ты любишь цирк?
- Что тебе в цирке больше всего нравится?

После «Щ» — буква «Ц» совсем нетрудная:

Мальчик стул перевернул,
Буквой «Ц» стал сразу стул.

А вот звук, который она обозначает, приносит порой массу проблем русским детям и взрослым иностранцам, которые произносят его часто как [с] или [тс].

Действительно, это сложный звук. Если у ребят есть с ним трудности, то сделаем так: сначала произносим твёрдое [т], а затем очень быстро сменяем его на [с] и переходим к цепочке:

тс →це (э) — ци (ы) — ца — цо — цу←

✓ 1. В дальнейшей работе нам помогут учебные рифмовки:

ца — ца — ца — у кольца нет конца,
цо — цо — цо — выхожу я на крыльцо,
це — це — це — две девицы на крыльце,
две девицы-белолицы
да с улыбкой на лице.
ци — ци — ци — мы ребята — молодцы.

(!) молодцы [малацы], отцу [ацу]

2. А теперь можно перейти к скороговорке:

Цыплёнок с курицей
Пьют чай на улице.

3. Ребятам, которые любят прихвастнуть, «подарим» пословицу:

Цыплят по осени считают [щитают].

А трусишкам, которые обижают слабых, будет полезна поговорка:

Молодец против овец, а против
Молодца — сам овца.

Пословица не даром молвится [-ца], т.е. говорится.

4. Отгадаем загадку-складушку:

У чего нет конца?
Ну конечно, у ... (вцлоя) .

78

Произнеси эти слоги и обрати внимание на то, как произносится звук [ц].

ца ац ца — цо— цы — цу — це

цы яц са — со — сы — су — се

ци иц иц — ис — из

це ец ец — ес — ез

цвет цветóк птица синица цыплёнок

свет свéтит грач ворона скворец

Прочитай.

ПТИ́ЦЫ

Скóро настýпит веснá. Прилетя́т и запою́т вéсело рáзные пти́цы. Звóнко бýдет петь скворéц. Ворóна бýдет кáркать, а грач кричáть. Воробéй на сóлнышке чири́кает: «Чик-чири́к, чик-чири́к». Во дворé поёт петýх: «Ку-ка-ре-ку»! Пти́цы рáдуются веснé. Распускá-ются пóчки на дерéвьях, появля́ются цветы́.

Тся [ца]
Ýчатся [ца]
Занимáются
Распускáются
Рáдуются
Появля́ются

Прочитай по ролям.
ПЧЕЛÁ
— Где былá ты?   — По цветáм.
— Тут и там.   — Что домóй ты принеслá
— Где летáла?   — Мёд, — отвéтила пчелá

Г. Сапгир

79

УРОК БУКВЫ «Ъ» — ТВЕРДЫЙ ЗНАК

Читаем вместе с мамой.

Ъ

Твёрдый знак,
Как мягкий знак,
Никогда не слышится
И очень редко пишется.
Он приставке машет ручкой:
«Будь, приставка, твёрдой, звучной.
Не сливайся с гласными —
Для тебя опасными».

А иначе слово «съесть»
Превратится в слово «сесть».
И конечно, «телесъёмка»
Превратится в «телесёмку».
Вот такое объясненье:
Твёрдый знак — разъединенье.

Действительно, роль твёрдого знака — разъединение приставки и основы слова.

Для чего это нужно? А для того, чтобы «едкие» звуки [йе], [йо] и [йа] — буквы «Е», «Ё», «Я» — не смягчали согласные звуки приставок. Иначе они изменятся до неузнаваемости. А приставки в русском языке играют огромную роль, создавая возможность передавать тончайшие оттенки значений. В этом состоит одна из прекрасных особенностей русского языка.

✓ 1. Давайте покажем это ребятам, которых нисколько не пугают схемы.

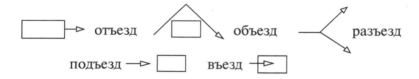

2. А теперь потренируемся произносить слова с твёрдым знаком, сравнивая их со словами без него. Сначала медленно читаем, а потом проговариваем слова всё быстрее.

съем — семь → съёмка — Сёмка (Семён) →подъём — пойдём→въезд — весть →съела — села←

Двести лет назад в русских книгах и газетах было полным-полно «Ъ». Он указывал на слова мужского рода. В наше время слов с твёрдым знаком не так уж и много, но они очень важны, как говорят: «Мал золотник (золотая монета), да дорог».

3. Интересно, как понимают ребята поговорку: Кто смел, тот и съел.

НАШЕЙ АЗБУКЕ КОНЕЦ!
ТОТ, КТО ЕЁ ЗНАЕТ, — ПРОСТО
МОЛОДЕЦ!

Произнеси эти слова и обрати внимание на разницу в произношении.

сел	—	съел	подъе́зд
се́ла	—	съе́ла	отъе́хал
се́ли	—	съе́ли	съешь
стари́к	—	стару́шка	
де́душка	—	ба́бушка	

Прочитай.

Я́БЛОКО
(Рассказ мальчика)

По у́лице шла стару́шка с корзи́нкой. В корзи́не бы́ли я́блоки, кра́сные и жёлтые. Вот бы мне одно́! Я тихо́нько подкра́лся сза́ди, схвати́л я́блоко и су́нул его́ в карма́н. Стару́шка ничего́ не заме́тила. Она́ останови́лась и сказа́ла:

— Съешь. Э́то из моего́ са́да.

Стару́шка вы́брала са́мое румя́ное и са́мое большо́е я́блоко. Я́блоко — то, что в карма́не, — пря́мо жгло мне но́гу.

— Почему́ ты не хо́чешь взять моё я́блоко? — удиви́лась стару́шка.

А я доста́л я́блоко из карма́на, бро́сил его́ в корзи́ну и убежа́л. Когда́ я прибежа́л домо́й, то запла́кал. Сам не зна́ю: почему́ я запла́кал?

❓ Почему́ пла́кал ма́льчик?

Поду́май, како́й посту́пок он соверши́л?

Прочитай и придумай.

Мя́гкий знак и твёрдый знак
Разгова́ривали так:
— Ско́лько я пиро́жных съем?
Мя́гкий знак отве́тил:
— Семь!

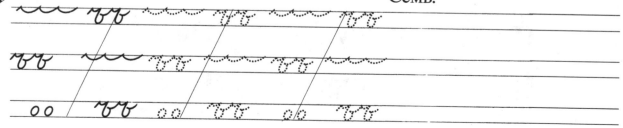

ЧАСТЬ II

Аа	*Аа* [а]	**Кк**	*Кк* [ка]	**Хх**	*Хх* [ха]
Бб	*Бб* [бэ]	**Лл**	*Лл* [эль]	**Цц**	*Цц* [цэ]
Вв	*Вв* [ыэ]	**Мм**	*Мм* [эм]	**Чч**	*Чч* [чэ]
Гг	*Гг* [гэ]	**Нн**	*Нн* [эн]	**Шш**	*Шш* [ша]
Дд	*Дд* [дэ]	**Оо**	*Оо* [о]	**Щщ**	*Щщ* [ща]
Ее	*Ее* [е]	**Пп**	*Пп* [пэ]	**Ъъ**	*Ъъ* [твердый знак]
Ёё	*Ёё* [ё]	**Рр**	*Рр* [эр]	**Ыы**	*Ыы* [ы]
Жж	*Жж* [жэ]	**Сс**	*Сс* [эс]	**Ьь**	*ьь* [мягкий знак]
Зз	*Зз* [зэ]	**Тт**	*Тт* [тэ]	**Ээ**	*Ээ* [э оборотное]
Ии	*Ии* [и]	**Уу**	*Уу* [у]	**Юю**	*Юю* [ю]
Йй	*Йй* [и краткое]	**Фф**	*Фф* [эф]	**Яя**	*Яя* [я]

ГЛАСНЫЕ ЗВУКИ

А	О	У	Э	Ы
Я	Ё	Ю	Е	И

Прочитай и выучи.

ПРИШЛА́ ВЕСНА́!

Со́лнце золото́е ве́село сия́ет,
И в лесу́, и в по́ле снег после́дний та́ет.
До свида́нья, шу́бы, тёплые уша́нки!
До свида́нья, лы́жи, до свида́нья, са́нки.

Т. Волгина

Запомни!

— Здра́вствуй.   — До свида́ния.

Прочитай.

Слова́ быва́ют ра́зные:
Весёлые, заба́вные,
И сло́жные, и я́сные,
И о́чень, о́чень гла́вные.

Со́лнце —   Ко́шка —   Коро́ва —   А сло́во «арбу́з» —

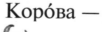

сло́во   сло́во   сло́во   полоса́тое!
лучи́стое.   пуши́стое.   рога́тое.

Г. Сапгир.

Какие слова можно назвать **главными**?
Назови разные слова. Скажи, какие они?

83

ОДНО́ СЛО́ВО

...Э́то сло́во хо́дит сле́дом
За пода́рком, за обе́дом,
Э́то сло́во говоря́т,
Е́сли вас благодаря́т.

В. Голяховский

Запомни!

Слова благодарности:

спаси́бо, благодарю́, большо́е спаси́бо.

Допиши.

— Здра́вствуй, ...!
— Здра́вствуй, ...
— ....
— До свида́ния, ...!
— До свида́ния, ...

Родителям

ПРИВЕТЛИВЫЕ СЛОВА

Ребятам будет интересно узнать, что в далёкие времена наши предки приветствовали друг друга пожеланием самого дорогого и важного для каждого человека — здоровья. При встрече они говорили: «Добро здоров», т.е. «желаю тебе доброго, хорошего здоровья», или «Здравствуй», что значило: «будь здоровым, живи здоровым». Последнее пожелание превратилось в приветствие, а первое так и осталось пожеланием здоровья — «Доброго вам здоровья!». При обращении на «ты» мы говорим «Здравствуй», а на «вы» — «Здравствуйте». Эти приветствия можно произносить в любое время суток, не забывайте только «терять» в этом слове букву «в» [здраствуйте].

(!) «Здравствуйте», конечно большое и трудное слово, но не стоит съедать его до «здрасьте». Грубо звучит и приятельское мальчишеское приветствие «здоро́во», хотя среди мальчиков оно допустимо.

✓ 1. Послушайте историю про мальчика, который не ладил с хорошими манерами. Это отрывок из стихотворения *В. Масса* и *М. Червинского*.

Ему бывает просто лень
Сказать при встрече: «Добрый день!»
Казалось бы, простое слово,
А он стесняется, молчит
И в лучшем случае «здоро́во»
Он вместо «здравствуйте» бубнит.

2. Можно ли этого мальчика назвать воспитанным? Можно ли слово «здоро́во» назвать приветливым и добрым словом?

В этом уроке русской речи мы поговорим о приветствиях. Сначала мы спросим ребят, какое слово «спряталось» в существительном «приветствие». Конечно же — «привет». Это слово ребята-сверстники говорят обычно друг другу. Допустимо говорить его и близким людям, лучше всего в домашней обстановке.

✓ 1. Прочитайте наше учебное стихотворение.

Друзьям мы говорим «ПРИВЕТ!»
«Привет!» — они кричат в ответ.
А взрослым людям — наш совет —
не надо говорить «Привет».

2. Спросите ребят, кому и когда можно говорить это слово?

3. Что делает близкими, сближает слова «привет», «приветливый» и «приветствие»?

Слова «приветствие» и «привет» одного корня со словом «приветливый», то есть — «добрый» и «ласковый».

Поэтому в русском языке очень употребительны приветствия со словами «добрый».
Доброе утро! Добрый день! Добрый вечер!
Они очень удобны, поскольку не требуют уточнения на возраст и положение говорящих, т.е. обращения на «ты» и «вы».

4. Прочитайте наше учебное стихотворение. Обратите внимание выделением голоса на произношение [а], [о], [у].

Каждое утро
«Доброе утро!»
Маме и папе я говорю.
Только два слова,
Но снова и снова
С ними как-будто
Доброе утро
Всем я дарю.

5. Спросите ребят, какие слова приветствия мы говорим утром, днём и вечером.

Немного грамматики

Обращаем внимание ребят, не называя терминов, на творительный падеж.
• Когда мы говорим «Доброе утро», «Добрый день», «Добрый вечер»? (утром, днём, вечером).
А когда мы спим? — Ночью.

Шипящие согласные.				
Ш	Ж	Ц	Ч	Щ

ши—жи—ци—чи—щи
ше—же—це—че—ще
шу—жу—цу—чу—щу
са—ша—жа—ща—га—ца
зу—жу—шу—щу—гу—цу

жил, шил, ши́шка, жёлтый, жи́ли, мы́ши, мешо́к, хорошо́, ёж, ёжик, жёлудь, нашёл

Запомни!

жи, ши пиши с **и**, читай [**ы**] !

же, ше пиши с **е**, читай [**э**] !

шё, жё читай [**о**] !

чу, щу пиши с **у** ! ча, ща пиши с **а** !

Прочитай.

ЖЁЛУДИ

Жо́ра нашёл под ду́бом жёлуди. Он собра́л жёлуди в мешо́к и отнёс их леснику́.

Лесни́к сказа́л:

— Молоде́ц, Жо́ра. Я посажу́ жёлуди в зе́млю. Из ка́ждого жёлудя вы́растет дуб. Бу́дет густа́я лесна́я ча́ща, бу́дет све́жий во́здух.

Лес — на́ше бога́тство!

⑦ Что сказал лесник мальчику?
Что вырастет из жёлудя?

КО́ШКА МУ́РКА

Э́то на́ша ко́шка Му́рка. Шерсть у неё бе́лая, пуши́стая. У на́шей ко́шки шесть котя́т. Алёна ко́рмит котя́т ка́шей.

Побежа́л котёнок, опроки́нул ча́шку с молоко́м. Ко́шка Му́рка вы́пила лу́жицу молока́ и стро́го посмотре́ла на котёнка. Нельзя́ шали́ть!

Расскажи о кошке Мурке.

Родителям

УЧАСТЛИВЫЕ СЛОВА

Участливый человек это значит — человек добрый и неравнодушный к другим людям.

Участие к другому человеку можно показать самыми различными словами и поступками.

В речевом поведении сохранились выражения, которыми наши предки не стеснялись высказывать друг другу участие и заботу. Некоторые из них сейчас воспринимаются продолжением приветствия, а другие сохраняют свой изначальный смысл.

«Как дела? Как у тебя (у вас) дела?» — говорят взрослые друг другу и детям.

Ребятам же при встрече с взрослыми не следует задавать эти вопросы первыми, а лучше подождать, когда они сами спросят об этом.

А вот у родителей можно всегда поинтересоваться «Как здоровье?» «Как ты себя чувствуешь?» «Как вы себя чувствуете?».

К взрослым можно обратиться со старым и милым выражением «Как вы поживаете?».

✔ Давайте вспомним своих друзей и знакомых и выберем соответствующие им обращения.

(!) Сокращённые обращения, типа: Ну как? Как ты? употреблять следует крайне осторожно, да и то с близкими и друзьями.

Парные согласные.					
Б	В	Г	Д	Ж	З
П	Ф	К	Т	Ш	С

Звонкие согласные: Б, В, Г, Д, Ж, З
Глухие согласные: П, Ф, К, Т, Ш, С

па — пя	ба — бя	ша — жа — за — зя
по — пё	бо — бё	са — ся
фо — фё	во — вё	до — тё — то — дё
фа — фя	ва — вя	га — ка — го — кё

Прочитай.

ДЛЯ ЧЕГО́ ГОВОРЯ́Т СПАСИ́БО?

По лесно́й доро́ге шли дво́е — де́душка и ма́льчик. Бы́ло жа́рко, захоте́лось им пить. Пу́тники подошли́ к ручью́. Они́ напи́лись воды́.

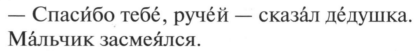

— Спаси́бо тебе́, ручей́ — сказа́л де́душка. Ма́льчик засмея́лся.

— Вы заче́м сказа́ли ручью́ «спаси́бо»? — спроси́л он де́душку. — Ведь ручей́ не живо́й, не услы́шит ва́ших слов, не поймёт благода́рности.

— Э́то так. Е́сли бы напи́лся волк, он бы «спаси́бо» не сказа́л. А мы не во́лки, мы — лю́ди. Зна́ешь ли ты, для чего́ челове́к говори́т «спаси́бо»? Поду́май, кому́ ну́жно э́то сло́во?

Ма́льчик заду́мался. Вре́мени у него́ бы́ло мно́го. Путь предстоя́л до́лгий.

В. Сухомлинский

? Что сказал старик?
Почему засмеялся мальчик?
Кому нужно слово «спасибо»?

Перескажи текст.

СЛОВА БЛАГОДАРНОСТИ

«Велико слово: спасибо» читаем мы в словаре В.И. Даля. И это прекрасное слово уместно употреблять в любых случаях проявления благодарности. Но детям полезно знать и другие выражения, которые употребляют взрослые люди. Речь идёт о формах, образованных от слова «благо», что значит «добро, всё доброе, полезное, служащее к нашему счастию» (В.И. Даль).

Предложите ребёнку подумать над словами «Благодарность» и «Благодарю»: «Ты мне дал что-то, сделал для меня что-либо хорошее, а в ответ я дарю тебе всё доброе и полезное — своё добро». Может быть, нам стоит почаще говорить друг другу слова «служащие к нашему счастию»:

> Я благодарю тебя.
> Сердечно благодарю тебя!
> Я очень вам благодарен!

Слова «спасибо» и «пожалуйста» должны быть самыми частыми, или, как говорят учёные, частотными в нашей речи.

В слове «спасибо» очень прозрачно видится его происхождение от выражения «Спаси вас Бог». Вот какое это слово — самая распространённая и универсальная форма выражения благодарности.

Слово «спасибо» может быть самым разным по степени выражения благодарности, как показано на этой лесенке.

```
                                        громадное спасибо
                          огромное спасибо
              большое спасибо
  спасибо
```

✓ 1. Интересно, за какой подарок дети выбрали бы ту или иную ступеньку? Может быть, они и нарисуют этот подарок на соответствующей ступеньке?

2. Прочитайте отрывок из стихотворения детского поэта *Самуила Маршака* о «вежливом» мальчике:

> Был вежлив этот мальчик
> И, право, очень мил:
> Отняв у младших мячик,
> Он их благодарил,
> «Спасибо», — говорил.

- Можно ли назвать этого мальчика вежливым?
- Как вы, ребята, поступили бы на его месте?
- Не о таких ли говорят: «У него слово с делом не сходится?»

Немного грамматики

Обратите внимание ребят на то, что после слова «спасибо» мы говорим «вам» или «тебе», т.е. употребляем дательный падеж.

— Спасибо вам большое, тётя Вера!
— И тебе спасибо, Серёжа, за внимание.
— А мне за что? Не за что, тётя Вера.
Сравните, выделяя голосом:
Спасибо вам (тебе) — дательный падеж и Я благодарю вас (тебя) — винительный падеж

Гласные и согласные звуки.

Прочитай.

Однажды звуки обсуждали свои дела, своё положение в Стране русского языка. Их очень волновало место, которое они в этой стране занимают.

Добрые согласные не очень любили спорить и старались со всеми быть согласными, но гласные, очень важные, говорили, что ни одно слово без них не обходится. И значит, гласные — самые главные звуки...

Вот два слова без согласных:

у — е — и — ,   у — и — е — (ь).

Догадались, какие это слова?

А вот те же слова без гласных:

— ч — н — к
— ч — т — ль.

А теперь поняли, какие это слова?
Напиши, какие это слова?
Напиши гласные буквы.
Какие гласные буквы обозначают два звука?
Напиши их.

(А, О, У, Ю, Ё, Е, Э, Ы, И, Я)

Гласные тянутся к песенке звонкой,
Могут заплакать и закричать,
Могут в кроватке баюкать ребёнка,
Но не желают свистеть и ворчать.

А **согласные**... согласны
Шелестеть, шептать, скрипеть,
Даже фыркать и шипеть,
Но не хочется им петь.

Ссс... — змейный слышен свист.
Шшш... — щуршит опавший лист.

Жжж... — шмели́ в саду́ жужжа́т.
Ррр... — мото́ры шелестя́т.

В. Берестов

Прочитай по ролям.

СПОР БУКВ

I часть

Поспо́рили бу́квы, кто из них главне́е.

— Я са́мая гла́вная, — сказа́ла бу́ква Я.

— И ничего́ ты не гла́вная, — сказа́ла бу́ква А. — Ты стои́шь в конце́ алфави́та. А я в са́мом нача́ле. И ещё я пою́: ааа, ааа...

— И мы то́же поём, — вы́скочили бу́квы У, О, Э, И, Ы.

— Каки́е же вы гла́вные, е́сли из вас мо́жно постро́ить всего́ одно́ — АУ, — сказа́ла бу́ква М. — А вот вме́сте со мной мо́жно стро́ить слова́ МАМА, МЫ, МИМО, МУ-МУ.

А вот вы́шел твёрдый знак.

— Я зна́ю, что я не са́мая гла́вная бу́ква: никако́го отде́льного зву́ка не обознача́ю. Но и я приношу́ по́льзу: могу́ разделя́ть зву́ки, не даю́ им слива́ться. А что вы уме́ете де́лать, певцы́? — спроси́л Ъ у гла́сных.

— Мы уме́ем де́лать три рабо́ты, — сказа́ла бу́ква Ю.

— Каки́е?

— Пе́рвая рабо́та — мы обознача́ем гла́сные зву́ки а, о, у, э, — сказа́ла бу́ква Ю.

— Втора́я рабо́та, — сказа́ла бу́ква Е, — мы обознача́ем, что пе́ред на́ми мя́гкий согла́сный звук.

— А тре́тья рабо́та, — сказа́ла бу́ква Ё, — мы обознача́ем сра́зу два зву́ка: йа, йу, йе, йо.

— Молодцы́! — похвали́л их Ъ.

II часть

Ъ знак спроси́л у согла́сных:

— А что вы уме́ете де́лать?

Из коро́бки вы́скочили бу́квы М, Н, Л, Р, Б, П, В, Ф...

Они́ станови́лись в ряд и гро́мко крича́ли.

— Дава́йте разберёмся, — сказа́л Ъ.

Бу́ква М заду́малась:

— Я могу́ обознача́ть два зву́ка, но то́лько е́сли у меня́ есть сосе́дка.

— А без сосе́дки? — спроси́л Ъ.

— Без сосе́дки не могу́. Сосе́дки мне помога́ют. Е́сли по́сле меня́ стоя́т бу́квы О, А, У, Ы, то я обознача́ю твёрдый согла́сный звук. А е́сли по́сле меня́ стоя́т бу́квы Я, Е, Ё, Ю, И и́ли Ь, то я обознача́ю мя́гкий согла́сный звук.

— И мы все так, — хо́ром закрича́ли бу́квы, обознача́ющие согла́сные зву́ки.

— Всё я́сно, — сказа́л Ъ.

— Нет! Не всё, — сказа́ли бу́квы Ж, Ш, Ч, Щ, Ц, И.

— Мы всегда́ обознача́ем то́лько твёрдые согла́сные, — сказа́ли бу́квы Й, Ч, Щ.

— Ну вот мы и по́няли, кто у нас что уме́ет де́лать, — сказа́л Ъ. — То́лько все мы дру́жно мо́жем составля́ть слова́. Все бу́квы гла́вные на свое́й рабо́те.

По Д. Эльконину

⑦ Что умеют согласные буквы?
Какие звуки они обозначают?
Что сказал Ъ?

Придумай, как продолжить эту сказку

Как ответить на во
Кто это?
Что это?

Э́то Анто́н.   Э́то А́ня.

Они́ у́чат ру́сский язы́к. Помоги́ им найти́ отве́ты на вопро́сы:

Кто э́то? Что э́то?

Э́то па́па.   Э́то ма́ма.   Э́то ко́шка.   Э́то дом.

Э́то стул.   Э́то стол.   Э́то кни́га.   Э́то соба́ка.

Раздели слова на две группы.

Кто: ма́льчик, де́вочка, ...
Что: кни́га, ...

Дополни диалог.

— А́ня, кто э́то?
— Э́то мои́ ма́ма и па́па.
— А как их зову́т?
— Ма́му зову́т Ольга Петро́вна, а па́пу — Серге́й Влади́мирович.

93

— Кто ря́дом с ма́мой?
— Ря́дом с ма́мой ...
— А кто же ря́дом с па́пой?
— Ря́дом с ним ...

Расскажи по картинке.
Спроси

Кто э́то? Что э́то?

СЛОВА УВАЖЕНИЯ

В русском языке есть маленькая хитрость, знать которую необходимо, когда хочешь назвать взрослого человека.

К взрослым только по имени обращаться не следует. Не стоит, как это случается в других языках, говорить «господин Иванов» или «госпожа Иванова». Для обращения к взрослому человеку существует отчество, т.е. имя его отца.

Например, вашу маму зовут **Анна**, а её папу — **Иван**. Вот и будет ваша мама для других — **Анна Ивановна**. Отца вашего папы зовут **Дмитрий**, а папу — **Игорь**. Значит, имя и отчество его — **Игорь Дмитриевич**. Именно поэтому в диалоге урока девочка представляет своих родителей по имени и отчеству.

✓ 1. А теперь вспомним имена и отчества ваших русских знакомых и разыграем сценку обращения к ним с разными вопросами.

2. У замечательной поэтессы Юнны Мориц есть стихотворение, которое поможет вам поговорить о русских именах и отчествах. Прочитайте его и попросите ребят объяснить, как образовались в нём не только имена и отчества, но и фамилии.

Идёт Весна по го́роду!
Весна Мартовна Подснежникова,
Весна Апрелевна Скворечникова,
Весна Маевна Черешникова.

(!) Скворечникова [скварешникова]

3. А почему у Весны три раза менялись имя, отчество и фамилия? Возможно, вам пригодится наша подсказка. Весна — март, когда цветут первые цветы — подснежники. В апреле ребята строят домики для скворцов, а в мае поспевает черешня — первая ягода.

94

ОТВЕТНЫЕ СЛОВА

Как ответить на слова участия? Например, такие «Как дела? Как себя чувствуешь?»

Просто, а главное, вежливо. Вот какая ведущая вверх лесенка ответов существует в русском языке:

(всё) чудесно
    (всё) прекрасно
        (всё) хорошо
            (всё) в порядке
                (всё) нормально

Хорошо добавить к этим словам «спасибо!». Словечко «нормально» какое-то казённое, холодное. Не стоит его часто говорить, как и очень употребительное *«ничего»*. Говорят все *«ничего»*, а что «ничего» — не ясно, одно слово — «ничего».

✓ 1. Прочитайте ребятам рассказ А. Шибаева о человеке, который не очень-то дружил с русской речью.

Встретил я одного приятеля. Давно не виделись!

— Как живёшь?

— Нормально.

— А с учёбой как?

— Нормально.

— Ты, говорят, болел. Теперь — всё в порядке?

— Нормально.

— Хорошо, значит?

— Ну я же говорю — нормально.

— Странно ты говоришь...

— Почему? Нормально.

«Да-а — грустно — подумал я — А ведь когда-то был вполне нормальным человеком!»

2. Почему автор посчитал приятеля не совсем нормальным человеком?

3. Как отвечают в подобных случаях воспитанные люди?

4. Хотели бы ребята продолжать разговор с таким собеседником?

Как спросить:
— Кто это? — Что это?
Как ответить на эти вопросы?

Прочитай: Кто? Что?

ОН	ОНА́	ОНО́
Анто́н	Ната́ша	со́лнце
дом	ко́мната	окно́

Запомни!

ОН: слова́рь, уче́бник, Анто́н
ОНА́: тетра́дь, кни́га, Ната́ша
ОНО́: письмо́, пальто́, со́лнце

Напиши в три столбика.

Образец:	ОН	ОНА́	ОНО́
	слова́рь	ру́чка	окно́
	...	...	...

Пальто́, ру́чка, уче́бник, окно́,
письмо́, буква́рь, соба́ка, слова́рь, тетра́дь,
кот, медве́дь, кольцо́

Э́то Анто́н.
Он ма́льчик.

Э́то Ната́ша.
Она́ де́вочка.

Прочитай.

У меня́ есть друг. Его́ зову́т Ге́на Крю́ков. Он у́чится со мной в одно́м кла́ссе. Ге́на уме́ет ле́пить из пластили́на ра́зных живо́тных: лоша́дей, соба́к, ёжиков. Одна́жды он вы́лепил удиви́тельного зве́ря.

— Кто он? — спроси́л я.

— Э́то зверь из ска́зки, — отве́тил Ге́на.

— Молоде́ц, Ге́на! — сказа́ла учи́тельница.

? Как зовут друга мальчика?

Кто он?

Что он умеет делать?

Как его похвалила учительница?

СЛОВА ПОХВАЛЫ И ВОСХИЩЕНИЯ

В русском языке существует великое множество способов выражения похвалы, удивления и восхищения.

Дети должны ценить слово «молодец!», гордиться этой похвалой.

Ребятам будет полезно узнать, что это слово происходит от *мо́лодец* — смелый и сильный молодой человек, своеобразный рыцарь. Правда, рыцарей на Руси не было. Зато были *«до́бры мо́лодцы»*. Заметьте, всегда «до́брые». Как похвалу нынешнее «молоде́ц!» можно говорить и девочкам, и мальчикам. Папы иногда говорят сыновьям — «молодчина», соотнося, видимо, это слово со словом «мужчина» — настоящий мужчина. «Молодец» становится ещё большим молодцом рядом со словом «какой».

✓ 1. Читаем с мамой.

Ах! Какой ты молодец, Гена!

Каких удивительных животных ты смог вылепить!

2. Пусть ребята вспомнят случай, когда им говорили: **«Какой ты молодец!»**

Немного грамматики

Обратите внимание ребят на согласование *«какой»* со словом, к которому оно относится.

Как**ой** ты молодец, Коля!

Как**ая** ты, Катя, молодец! Спасибо тебе за подарок!

Как**ая** ты у меня молодец, мама! Знала, что подарить.

Как**ие** вы все молодцы, ребята! Спасибо вам за внимание!

Как правильно назвать: он, она, оно *или* они?

Запомни!

	ОН	ОНА́	ОНО́
Еда́	са́хар хлеб лук карто́фель	вода́ ры́ба капу́ста морко́вь	ма́сло молоко́ мя́со
Уро́ки	ру́сский язы́к спорт	физкульту́ра матема́тика	рисова́ние чте́ние
Приро́да	лес цвето́к дуб	поля́на берёза ель	по́ле о́зеро де́рево

ОНИ́

но́жницы	кани́кулы
брю́ки	часы́
очки́	ша́хматы
са́нки	де́ньги
духи́	су́тки
воро́та	де́ти

Напиши правильно: он, она́, они́.

Образец: брю́ки — они́, дом — он

посу́да — ..., сухари́ — ..., хлеб — ...,
пиани́но — ..., щено́к — ..., пе́сня — ...,
цветы́ — ..., часы́ -..., де́ти — ..., ёлка — ...,
мя́со — ..., берёза — ..., дуб — ..., лес — ...,
лук — ..., са́хар — ..., капу́ста — ...,
стол — ..., доро́га — ...,

Подбери к каждому ряду слов одно общее слово.
Вставь пропущенные буквы.

Образец: я́блоки, гру́ши, сли́ва, виногра́д — фру́кты.

кре́сло, кр...ва́ть, д...ва́н, шкаф — ...
с...ба́ка, м...две́дь, ло́ш..дь, к...ро́ва — ...
к...рто́шка, к...пу́ста, м...рко́вь, п...мидо́р — ...
лётчик, учи́т...ль, до́кт...р — ...

Мой — моя́ — моё
Твой — твоя́ — твоё

Это мой дом.   Это твой дом.

Запомни!

Мой буква́рь.
Моя́ тетра́дь.
Моё пальто́.

Твой буква́рь.
Твоя́ тетра́дь.
Твоё пальто́.

Это моя́ ко́мната.   Это твоя́ ко́мната.

Это моё окно́.   Это твоё окно́.

Напиши правильно.

мой, моя́, моё:
... брат, ... сестра́, ... ма́ма,
... окно́, ... друг, ... письмо́, ... подру́га,
... ру́чка, ... сло́во, ... уче́бник.

твой, твоя́, твоё:

... окно́, ... кни́га, ... тетра́дь, ... пальто́,
... буква́рь, ... доска́, ... подру́га, ... каранда́ш,
... ко́мната, ... портфе́ль.

Прочитай.

Ба́бушка спроси́ла:
— А́нечка, где ... су́мка? Я не могу́ найти́ её.

Ма́ма задаёт вопро́с сы́ну:
— Пе́тенька, где ... дневни́к?

Дочь спра́шивает ма́му:
— Ма́мочка, куда́ убежа́л... щено́к?.

А́ня расска́зывает: Вот моя́ ко́мната. Э́то мой стол, компью́тер, дива́н. Здесь я игра́ю , чита́ю, рису́ю. Вот мои́ игру́шки, а на стене́ мой портре́т.

Расскажи о своей комнате и начни так:

Э́то моя́ ко́мната. Э́то мой стол, мой шкаф ... Здесь ... Там.

100

СЛОВА ПРИВЛЕЧЕНИЯ ВНИМАНИЯ

В этом уроке мы поговорим о словах привлечения внимания, которые необходимы для начала любой беседы. Очень часто члены одной семьи ласково обращаются друг к другу: Петенька, Оленька, мамочка, бабуля, папочка, дедуля и т.д.

Главное здесь знать побольше ласковых и даже ласкательных слов.

✓ 1. Давайте попросим ребят продолжить:

папа — (папочка... папуля)
мама — (мамочка... мамуля)
бабушка — (бабуля... бабуся)
дедушка — (дедуля... дедуся)

Взрослых близких и даже просто знакомых людей можно называть по-родственному: дядя Ваня, тётя Таня.

К друзьям мы обращаемся по имени, но ни в коем случае «Эй! Ты!», «Эй! Вы!», что само по себе совсем некрасиво.

2. Придумайте ситуации, в которых ребята могли бы использовать слова из задания 1.

«Прости» и «простите» очень часто употребляются как самостоятельная универсальная форма привлечения внимания, но ещё чаще — вместе с другими словами, о которых мы уже говорили:

— Простите, пожалуйста, где здесь метро?

— А вот оно — за углом.

— Спасибо.

— Пожалуйста.

3. Предложите ребятам придумать вопросы, с которыми они могут обратиться к незнакомым людям.

ОНИ; МОИ, ТВОИ

Прочитай.

Э́то я.   Э́то он.   Э́то они́.

Мои́ кни́ги.
Мои́ очки́.
Мои́ игру́шки.

Твои́ кни́ги.
Твои́ очки́.
Твои́ игру́шки

Э́то мои́ кни́ги.   Э́то твои́ кни́ги.

Напиши.

Мои́   ... кни́ги, ... сёстры, ... о́кна,
        ... друзья́, ... пи́сьма, ... подру́ги,
        ... карандаши́, ... слова́, ... уче́бники.

Твои́   ... ве́щи, ... боти́нки, ... флома́стеры,
        ... кра́ски, ... кни́ги, ... духи́, ... рису́нки.

Замени слова.

Образец: Ка́тя и Ми́ша пришли́ ко мне в го́сти.
           Они́ пришли́ ко мне́ в го́сти.

           Ната́ша и Алёна нарисова́ли шко́лу.
           Са́ша и Ди́ма почини́ли игру́шку.
           Анто́н и Све́та чита́ли журна́лы.
           Ма́ма и па́па ушли́ на рабо́ту.

* * *

Ба́бушка и́щет очки́. **Приду́май**, что она спра́шивает у тебя́?
Где ... очки́? Куда́ .... пропа́ли?

Дéдушка смóтрит телевúзор. **Придýмай**, что он спрáшивает у тебя́?

Какúе ... любúмые передáчи?
Когдá ... начинáются?

Напишú вопрóсы бáбушки и дéдушки.
Придýмай отвéты.

СЛОВА О ДРУЖБЕ

Дружба и товарищество всегда считались у русского народа как самые благородные отношения между людьми.

«Любить себя — любить друга» — говорит нам русская народная поговорка, которую следует понимать, что любить друга нужно как самого себя. Мудро, не правда ли? А если пойти дальше и вспомнить, что «друг» и «другой» — слова одного корня?

Из глубокой древности дошли до нас добрые наказы предков: **«Нет друга — ищи, а найдёшь — береги»**. Дружбу следует беречь, ведь **«Старый друг, лучше новых двух»**. Бесценна человеческая дружба, и не зря говорят: **«Не имей сто рублей, а имей сто друзей»**.

Поговорите с ребятами о приведённых выше поговорках.

Как они их понимают?

Детям следует знать, что множественное число в слове «друзья» приводит к некоторой утрате значения единственности и особой близости, которые присутствуют в существительном «друг». Дружеские отношения между людьми можно представить в виде лесенки:

друг

приятель

товарищ

знакомый

✓ 1. Спросите ребят, на какую ступеньку лесенки поставят они своих друзей-приятелей.

2. Прочитайте ребятам отрывок из стихотворения *Генриха Сапгира*.

Наше встретило Моё.
— Всё моё! —
Кричит Моё.
Мячик мой,
Ножик мой,
Стул хромой
Тоже мой.
Книга куплена —
Моя!

Для меня
Моя семья.
 Всё моё:
Мой костюм,
Моё бельё
Нет на свете
Ничего,
Кроме
Мо-е-го!

3. Спросите ребят, нет ли среди их друзей таких, для которых «нет на свете ничего, кроме моего»?

103

Как спросить:
— Кто что делает?
Как ответить на этот вопрос?

Антóн читáет.

Áня пи́шет.

Я читáю.
Ты читáешь.
Он читáет.
Онá читáет.
Мы читáем.
Вы читáете.
Они́ читáют.

Я говорю́.
Ты говори́шь.
Он говори́т.
Онá говори́т.
Мы говори́м.
Вы говори́те.
Они́ говоря́т.

Э́то наш класс. Урóк рýсского языкá. Учи́тельница читáет сказку. У доски́ стои́т Áня . Онá пи́шет задáние. Все дéти слýшают учи́теля. На урóке рýсского языкá мы всегдá говори́м по-рýсски.

⑦ Что делают дети?

Они́ читáют, пи́шут, слýшают, говоря́т.

⑦ Кто что делает?

— Что дéлает Антóн?
— Он читáет.

— А Натáша?
— Онá пи́шет.

— Что де́лают твои́ роди́тели?
— Па́па слу́шает ра́дио,
а ма́ма говори́т по телефо́ну.

СЛОВА ОБРАЩЕНИЯ

В школе русские дети к своим учителям обращаются только по имени и отчеству:

— Анна Николаевна! Можно вас спросить?

— Да, Катя, я тебя слушаю.

К родителям друзей, если только они не близкие друзья семьи, обращаются точно так же:

— Иван Васильевич, а Миша дома?

— Нет, он ещё не пришёл из школы.

А хорошо знакомых взрослых людей, как вы уже знаете, ребята могут называть «дядями» и «тётями».

— Дядя Толя, можно вас на минуточку?

— Я тебя слушаю, Аня.

И что самое удивительное — в России можно услышать, как дети и к незнакомым людям обращаются со словами «дядя — дяденька», «тётя — тётенька».

— Дяденька, вы не скажете, который час?

А люди пожилые вполне доброжелательно относятся к обращениям «дедушка» и «бабушка».

— Бабушка, давайте я вам помогу.

Здесь нет ничего фамильярного — ещё жива традиция уважительного, почти родственного отношения к старшим — особенно в русской провинции.

Придумаем ситуации, в которых ребята могли бы употребить все формы обращения этого урока.

Как спросить:
— Кто что делает?
Как рассказать о том, что ты делаешь?

Прочитай.

Кто что делает?

— Здравствуй, Антон.
— Добрый день, Анна Сергеевна.
— Что ты читаешь?
— Я читаю учебник.
— А где Наташа?
— Вот она.
— Что она делает?
— Наташа пишет упражнение.

Придумай диалог по рисунку.

— Антон, ты ещё учишь слова?
— Нет, я уже выучил слова. Сейчас я читаю сказку. А что делаешь ты, Наташа?
— Я ... упражнения.
— А что ты ... ... потом?
— Когда я закончу заниматься, я буду смотреть телевизор.

(?) Что делает мальчик в городе?

Расскажи, что спрашивал мальчик.
А какие вопросы придумаешь ты?

ВЕЖЛИВЫЕ СЛОВА

Когда мы обращаемся к знакомым и особенно к незнакомым людям, мы беспокоим их. И воспитанные люди хорошо знают, что любое беспокойство требует **извинения**, которое всегда будет замечено и не оставлено без вежливого ответа.

О том, как всё это выражается в живой русской речи, мы поговорим в этом уроке. Чаще всего для извинения мы используем слова *прости — простите, извини — извините.*

✓ Интересно, как объяснит ребёнок прозрачную для нас связь между словами «вина — виноват — извини»?

В древние времена эти слова понимали, как «не вини меня и до свидания — прощай — прости». Со временем слова разделились по значению.

«Простите» стало извинением, а «прощай» очень категоричным словом расставания.

Вместо слова «Прощай» лучше всего говорить «До свидания».

Как спросить:
— Кто что умеет (не умеет) делать.

Прочитай.

Антóн говори́т:

Я умéю
— чита́ть
— писа́ть
— игра́ть в футбóл

А́ня говори́т:

Я умéю
— танцева́ть
— петь
— рисова́ть

Ма́льчик и де́вочка:

Мы умéем
— чита́ть
— писа́ть
— петь
— рисова́ть

Запомни!

Я умéю
Ты умéешь
Он (Она́) умéет

Мы умéем
Вы умéете
Они́ умéют

Де́вочка: Но **я не умéю игра́ть в футбóл!**
Ма́льчик: А я не умéю танцева́ть.

❓ Что ты умеешь делать?

Посмотри на рисунки. Скажи, что умеют делать эти дети.

❓ Чего ты не умеешь делать?

Спроси у друзей, чего они не умеют делать?

Посмотри на рисунки.

Скажи, чего не умеют делать эти дети?

Прочитай.

ПИСЬМО́ ДРУ́ГУ

Ма́ленькая Ка́тя сиде́ла и писа́ла.
Ма́ма спроси́ла у неё:
— Ка́тя, что ты де́лаешь?
— Я пишу́ письмо́ своему́ дру́гу Сла́вику.
— Письмо́? Но ты не уме́ешь писа́ть, — сказа́ла ма́ма.
— А Сла́ва не уме́ет чита́ть, — отве́тила Ка́тя.

❓ Чего не умела делать Катя?

Что она ответила маме?

Напиши.

      Я уме́ю... .
      Я не уме́ю ... .

СЛОВА, КОТОРЫЕ НУЖНО НЕ ТОЛЬКО ЗНАТЬ, НО И УМЕТЬ УПОТРЕБЛЯТЬ ПРАВИЛЬНО

В этом уроке мы поговорим о глаголах **знать** и **уметь**.

Очень часто из-за близости значений дети смешивают эти слова.

Чтобы почувствовать разницу между ними, ребята должны знать, что после **уметь** всегда следует или подразумевается глагол, а после **знать** — никогда.

— Ты **умеешь** играть в футбол?

— Я не **умею** играть в футбол, но **знаю** все правила.

В разговорной речи с глаголом **уметь** сближается глагол **мочь**.

— Ты **можешь** плавать?

Да, **умею**, но сейчас не **могу** — у меня температура.

✓ 1. Предложите ребятам продолжить предложения.

   а) **Я умею** ... (что делать)?

   б) **Я знаю** ... (что, где, когда и т. п.).

   в) **Я умею** ..., но сейчас ... (не могу), потому что...

2. Прочитайте ребятам сказку русского педагога К.Д. Ушинского «Гусь и журавль». Обратите внимание на то, что в данном контексте глаголы **мочь** и **знать** можно заменить глаголом **уметь**.

Плавает по пруду гусь и громко разговаривает сам с собой:

— Какая удивительная птица! И хожу я по земле, и плаваю по воде, и летаю по воздуху, нет такой другой птицы на свете.

Послушал гуся журавль и говорит:

Какая же ты, гусь, глупая птица. Ну можешь ли ты плавать как щука, бегать как олень или летать как орёл?

Лучше знать что-нибудь одно, да хорошо, чем всё, да плохо.

3. Можно ли гуся назвать «зазнайкой» и почему?
4. Прав ли журавль? Согласен ли ты с ним и почему?

Поговорите с ребятами о словах положительных (+) и отрицательных (−). Может быть, ребята сами определят их значения.

+ **знаток** (книг, истории...) + **умелец** (в каком-либо деле)

— **незнайка** (ничего не знает)

+ **всезнайка** (всё знает или думает так)

— **зазнайка** (зазнаётся, очень о себе много думает)

Как сказать о начале или конце действия.

Смотри и читай.

Он на́чал	писа́ть
Он зако́нчил	чита́ть
	реша́ть
	рисова́ть

Пе́тя на́чал чита́ть э́ту кни́гу вчера́.

Пе́тя ко́нчил чита́ть её сего́дня.

Он ел.   Он съел.
Она́ писа́ла.   Она́ написа́ла.
Что де́лал(а)?   Что сде́лал(а)?

Что он де́лает?

Он на́чал есть. _____

Что он де́лал?

Что он сде́лал?

Он зако́нчил есть.

Она́ пи́шет бу́квы.
Она́ начала́ писа́ть. _____

Она́ писа́ла бу́квы до́лго.

Она́ написа́ла бу́квы.
Она́ зако́нчила писа́ть.

② **Спроси** у друзей.

Соедини стрелками вопросы с ответами.

Что вы де́лаете?
Что вы де́лали?
Что вы сде́лали?

    — Мы написа́ли упражне́ния.
    — Мы писа́ли упражне́ния.
    — Мы пи́шем упражне́ния.

? Что вы начали делать?

Что вы закончили делать?

Выбери ответы:

Мы (на́чали, зако́нчили) писа́ть, счита́ть, рисова́ть.

Мы (на́чали, зако́нчили) чита́ть, игра́ть, танцева́ть

Придумай и расскажи, что делают дети, что они уже сделали (закончили делать).

Выучи и выполни зарядку для рук.

Мы писа́ли, мы писа́ли,
На́ши па́льчики уста́ли,
Мы немно́жко отдохнём
И опя́ть писа́ть начнём!

КАК СКАЗАТЬ ОБ ОКОНЧАНИИ ДЕЙСТВИЯ БЕЗ СЛОВ «КОНЧИТЬ» И «ЗАКОНЧИТЬ»

Очень просто, если знаешь совершенный вид глагола. Именно эта форма глагола обозначает окончание действия. Русские очень часто пользуются этим способом, чтобы выразить конец действия, и поэтому очень важно, знакомя ребёнка с тем или иным глаголом, сообщать ему сразу форму совершенного вида, которая обозначает конец и результат действия.

Вспомним скороговорку:

Сидели у ели, кисель мы ели, ели, ели, еле-еле всё съели.

Сравнивать формы видов глагола можно так:

Мы читали книгу, читали и всю .... (прочитали)

Мы письмо писали, писали и наконец .... (написали)

Я уроки весь вечер делал, делал и наконец .... (сделал)

Он дом рисовал, рисовал, и вот, видишь,.... (нарисовал)

✓ 1. Прочитайте ребятам русскую народную сказку «Лиса и журавль». Обратите внимание на видовые пары глаголов: **варила — наварила, ела — съела.**

Прежде чем читать сказку «Лиса и журавль», расскажите ребятам, что сказки о животных — древний и популярный жанр русского народного творчества. Герои русских сказок — это очень хитрая и не всегда умная лиса, глупый и совсем не страшный волк, бестолковый и обычно добродушный медведь, беззащитный, но находчивый заяц и многие другие звери, каждый из которых воплощает определённую черту человеческого характера.

Лиса и журавль стали дружить. Вот захотела лиса угостить журавля, пошла звать его к себе в гости.

—Приходи, журавль, ко мне в гости приходи, дорогой.

Пришёл журавль в гости, а лиса наварила каши и размазала по тарелке. Подала и угощает:

—Кушай, дорогой, ешь сколько хочешь, сама я кашу варила, для тебя старалась.

Журавль тук-тук клювом по тарелке. Стучал, стучал и остался голодным.

А лиса лижет да лижет кашу — всё сама съела.

Кашу съела и говорит:

— Ах, какая вкусная каша! Не правда ли, дружочек?

Журавль ей отвечает:

— Спасибо, лиса. Спасибо за угощение. Приходи и ты ко мне в гости.

На другой день приходит лиса к журавлю. Только увидел её журавль и говорит:

— Заходи, заходи, гостья дорогая. Проходи к столу, угощайся. Я тебе щей наварил, попробуй, подружка.

Видит лиса кувшин с узким горлом, а в кувшине щи — вкусно пахнут. Стала лиса вокруг кувшина ходить: и лизнёт его, и понюхает — никак щи достать не может, не лезет голова в кувшин. А журавль клюёт да клюёт, пока все щи не съел.

—Ну как, милая? Вкусные щи я сварил?

Рассердилась лиса. Пошла домой ни с чем. Как аукнулось, так и откликнулось.

2. Предложите ребятам сделать рисунки к сказке и ответить на вопросы: Как лиса угощала журавля? Как журавль угощал лису? Остались ли друзьями лиса и журавль?

3. Почему сказка заканчивается пословицей «Как аукнется, так и откликнется»? Но сначала объясните им смысл этой пословицы.

Как попросить сделать что-нибудь.

Запомни!

Дай, пожа́луйста, ру́чку!
Да́йте, пожа́луйста, карандаш!

Смотри́!	Смотри́те!
Рису́й!	Рису́йте!
Пиши́!	Пиши́те!
Купи́!	Купи́те!
Отда́й!	Отда́йте!
Слу́шай!	Слу́шайте!

Прочитай.

Рису́й, худо́жник ма́ленький,   Брати́шку-первокла́ссника
Бума́ги не жале́й!   И ба́бушкин портре́т.
Рису́й в лесу́ прота́линки,   Салю́т большо́го пра́здника,
Котёнка на зава́линке   Похо́жий на буке́т.
И в не́бе журавле́й.

Ю. Кушон

Давай поиграем. Попроси дать, нарисовать, купить, отдать эти предметы.

— Дай, пожа́луйста, ...
— Нарису́й, пожа́луйста, ...
— Купи́, пожа́луйста, ...
— Отда́й, пожа́луйста, ...

Попроси какой-нибудь предмет у родителей. Запиши свою просьбу.

Выучи стихотворение.

Да́ли Ле́не две конфе́ты,
И она́, сия́я вся,
Не «спаси́бо» прошепта́ла,
А — «ещё одну нельзя́?»

❓ Что Лена сделала неправильно?
Как она должна была ответить?
Какое слово нужно подсказать Лене?

ВОЛШЕБНОЕ СЛОВО

В русском языке есть много слов, которые помогают нам жить в ежечасной, повседневной жизни. И одно из них мы называем волшебным в первую очередь. Просим ли мы конфет или разрешения пойти погулять, просим ли мы прощения или подарить нам ко дню рождения котёнка — нас всегда выручит — **ПОЖАЛУЙСТА** — [пожалуста].

Это слово никогда не бывает лишним, и его не бывает много.

✓ 1. Прочитаем вместе с ребятами.

> Если хочешь ты конфет,
> А в ответ услышишь: Нет!
> Никому не жалуйся,
> А скажи: «Пожалуйста!»

2. Спросим ребят, когда их выручало слово «пожалуйста».

В слове «пожалуйста» до сих пор чувствуется его связь со словами «жалеть» и «жаловать».

Вот как получалось — сначала «жалели», а потом «жаловали», т.е. дарили что-либо. В русском языке до сих пор существует слово «жалованье», т.е. заработная плата за службу военных.

А ещё в России можно услышать выражение — приветствие по случаю приезда «Добро пожаловать», а в дом могут пригласить сердечными словами: «Пожалуйте в дом, гости дорогие!» Как видите, «пожалуйста» связано со всеми этими добрыми словами, а ведь мы знаем: «Сердечное слово до сердца доходит».

На вежливое «пожалуйста» мы всегда услышим «пожалуйста» ответное, как говорит об этом поговорка «Каков привет — таков ответ».

✓ 1. А теперь поговорим с ребятами, серьёзно или в шутку даёт им советы *Георгий Остер* в книге «Вредные советы», которую очень любят дети в России.

> Если ты пришёл к кому-то,
> Не здоровайся ни с кем.
> Слов «пожалуйста», «спасибо»
> Никому не говори,
> Отвернись и на вопросы
> Ни на чьи не отвечай.
> И тогда никто не скажет
> Про тебя, что ты болтун.

2. Давайте поспорим с этими «советами».

115

Как рассказать о том, что ты делаешь утром.

Прочитай.

Антóн расскáзывает, что он дéлает ýтром пéред шкóлой:

Ýтром я мóю рýки и лицó. Я умывáюсь.

Потóм я надевáю рубáшку, брюки. Я одевáюсь.

Я причёсываю вóлосы. Я причёсываюсь.

Я говорю́: «Дóброе ýтро». Я здорóваюсь.

Я зáвтракаю и говорю́: «Спасúбо, мáма».

Я надевáю пальтó и говорю́: «До свидáния, мáма». Я прощáюсь.

Замени рисунки словами.

Ýтром я

Прочитай.

Ýтро.

1. Сáша спит,
   Тóля спит,
   Дáша спит,
   Óля спит,
   Всех крéпче — Пéтя ......

2. Проснýлся Сáша,
   Проснýлся Тóля,
   Проснýлась Дáша,
   Проснýлась Óля.
   А Пéтя — лентя́й!
   Порá, вставáй!

3. Сáша — в рубáшке,
   Тóля — в рубáшке,
   Дáша — в рубáшке,
   Óля — в рубáшке.
   Пéтя рубáшку мнёт —
   В рукавá не попадёт.

4. Обувáется Сáша,
   Обувáется Тóля,
   Обýлась Дáша,
   Обýлась Óля.
   — Пéтя, берú шнýрок,
   Вдевáй поскорéй в кружóк.

5. Са́ша — гото́в,
   То́ля — гото́в,

   Да́ша гото́ва,
   О́ля — гото́ва,

   И Пе́тя пришёл — гото́вый!
   Марш — в столо́вую!

С. Шервинский

ЭТО ОЧЕНЬ НУЖНОЕ СЛОВО — «ПОРА»

Для того чтобы выразить пожелание или приказ что-либо сделать, вовсе не обязательно употреблять повелительные формы глаголов. Во многих случаях нам поможет очень мягкое и вежливое слово «пора».

Наши бабушки и прабабушки хорошо знали стихотворение русского поэта *Л.Н. Модзалевского*, отрывок из которого нам непременно стоит выучить.

> Дети! В школу собирайтесь, —
> Петушок пропел давно!
> Попроворней (побыстрее) одевайтесь, —
> Смотрит солнышко в окно!

Так вот, вместо «в школу собирайтесь», можно сказать: «Дети! Пора в школу». «Пора одеваться».

✓ Сделайте с ребятами такое упражнение. Вы говорите повелительное наклонение, а они — предложение со словом «пора».

Вставайте (вставай) — Пора вставать.

Умывайтесь (умывайся); одевайтесь (одевайся); завтракайте (завтракай) и т.д.

А вот так родители могут постыдить расшалившихся детей:

«Дети! Перестаньте шуметь! Быстро в постель! Пора и совесть знать».

И всегда вместо фраз *я должен...* и *мне нужно...* можно сказать короткое и скромное *мне (нам) пора...*

Мне пора идти.

Нам пора в школу.

В особых случаях мама может прибегнуть и к более кардинальному средству, чем повелительные формы и выражения со словом «пора». Она может сказать так: *Петя! Домой!* или *«Витя, марш в школу!»*

✓ Чтобы лучше усвоить материал правой странички, сделаем такое упражнение. Вы говорите предложение со словом «пора», ребята отвечают.

1) Пора вставать — (я встаю)
2) Пора умываться — (я умываюсь)
3) Пора одеваться — (я одеваюсь)
4) Пора завтракать — (я завтракаю)
5) Пора в школу — (я иду в школу)

Как сказать, что ты хочешь есть или пить.

Прочитай.

Малы́ш: Ма́ма! — Я о́чень хочу́ пиро́жное и сок. Дай мне, пожа́луйста.

Аня: Анто́н, я о́чень хочу́ пить.
Анто́н: Дава́й ку́пим стака́н со́ка.
Ната́ша: Я о́чень хочу́ есть. Я куплю́ бу́лочку.

Запомни!

Я хочу́ есть. Я хочу́ пить.

Я ем \
Ты ешь —— суп, \
Он ест —— пиро́жное, \
Она́ ест —— я́блоко.

Мы еди́м \
Вы еди́те —— суп, \
Они́ едя́т —— пиро́жное, \
я́блоко.

Я пью \
Ты пьёшь —— чай, \
Он пьёт —— ко́фе, \
Она́ пьёт —— «ко́ка-ко́лу».

Мы пьём \
Вы пьёте —— чай, \
Они́ пьют —— ко́фе, \
«ко́ка-ко́лу».

Придумай, расскажи и запиши нужные слова.

Ты ...?   Он ...?   Мы ...?   Вы ...?   Они ...?

Расскажи, что ты любишь есть.

Начни так:
Я о́чень люблю́ ... , потому́ что ... .

Расскажи, что ты любишь пить.

Начни так:
Я о́чень люблю́ ... , потому́ что ... .

Напиши, о своей любимой еде, о любимой еде своих родителей.

Начни так:
Моя́ люби́мая еда́ — ... (что?)
Моя́ ма́ма лю́бит — ... (что?)
Мой па́па лю́бит — ... (что?)
Мой брат (моя́ сестра́) лю́бит — ... (что?)

СЛОВА ПРИГЛАШЕНИЯ

Друзей, которые пришли к нам поболтать и поиграть, обязательно нужно угостить чаем. От пирожного и мороженого они тоже не откажутся.

«Добрый гость — хозяину радость» — говорит старая поговорка. «Чем богаты, тем и рады» — скажут русские, выставляя на стол угощенье. «Ешьте, пейте, гости дорогие» — вот главное выражение русского гостеприимства. Подумайте, какое хорошее это слово — «гостеприимство» — приём гостей — дорогих людей! Об этом, наверное, написал своё стихотворение поэт *Валерий Аушев*.

ГОРОД СПАСИБО

Вы когда-нибудь бывали
В городе Спасибоград,
Где на вежливом бульваре
Вежливо благодарят?
В переулке Гостевом
Зазывают в каждый дом,
Даже если вас не знают
И никто вам не знаком!
На проспекте Угощенья
Вас на славу угостят:
Что вы любите? Варенье?
Эскимо? Халву? Печенье?
Или, может, лимонад?
В этом городе кругом
Люди говорят друг другу,
Незнакомому и другу
И особенно гостям:
«Очень рады, рады вам!
Если только захотите,
Не стесняйтесь — заходите!»

Давайте придумаем рассказ о славном городе Спасибограде и нарисуем его. Представим, как мы зазываем, т.е. приглашаем гостей, и как мы их угощаем, а они нас «вежливо благодарят».

Прочитай.

Я ем арбу́з.
О́чень вку́сно!

Я пью молоко́.
Э́то поле́зно!

Де́ти за
столо́м пьют чай.
Они́ пьют чай.

Они едя́т
суп.

У́тро — за́втрак — за́втракать —Я за́втракаю.—Я ем ка́шу.
Днём — обе́д   — обе́дать —Я обе́даю. —Я ем суп, пью компо́т.
Ве́чер — у́жин — у́жинать —Я у́жинаю. —Я ем пиро́г, пью сок.

Как спро́сят ребя́та у друзе́й, когда́ они́ за́втракают, обе́дают и у́жинают. Что они едя́т?

Работай по образцу:
— Ната́ша, когда́ ты за́втракаешь?
— Я за́втракаю у́тром, пе́ред шко́лой.
— А ЧТО ТЫ ЕШЬ НА ЗА́ВТРАК?
— Я ем ка́шу и пью сок.

— Анто́н, когда́ ты обе́даешь?
— Я обе́даю в 2 часа́, когда́ прихожу́ из шко́лы.
— А ЧТО ТЫ ЕШЬ НА ОБЕ́Д?
— Обы́чно я ем суп, карто́шку и мя́со. Я пью чай.

— Мари́на, когда́ ты у́жинаешь? ЧТО ОБЫ́ЧНО ТЫ ЕШЬ НА У́ЖИН?

— Я у́жинаю в 7 часо́в и обы́чно ем сала́т из овоще́й.

? **Напиши**, что ты ешь на завтрак, обед, ужин?

Когда ты завтракаешь, обедаешь или ужинаешь?

Нарисуй, как ты делаешь это.

Родителям

СЛОВА ПРОСЬБЫ

Как попросить о чём-нибудь так, чтобы в просьбе нам не отказали. Самые простые слова «дай» и «дайте» без «пожалуйста» могут иметь обратное действие, и мы не получим того, что хотели. А можно ведь обойтись и без назойливого «дай». Например, вот так:

Мама, а можно мне печенье?

Бабушка, могу ли я взять конфетку?

И совсем будет трудно отказать ребёнку, если он очень тонко вместо «можно» скажет «нельзя».

Папа, а нельзя (ли) мне посмотреть ещё телевизор?

✓ 1. Разыграйте с ребёнком диалоги просьбы и разрешения.

2. Прочитайте стихотворение *В. Лунина* о симпатичной лошадке.

Очень хочется лошадке
Вместо сена и травы
Съесть на завтрак
Шоколадку
Или чуточку халвы...
В крайнем случае
Печенья
Хоть кусочек откусить.
Но не знает,
К сожаленью,
Как об этом попросить!

3. Давайте подскажем лошадке разные способы попросить все эти вкусные вещи.

| Как познакомиться? |
| Как узнать имя и фамилию? |

Прочитай.

Это я. Меня́ зову́т Ната́ша. Моя́ фами́лия Дени́сова. Мне семь лет. Мою́ ма́му зову́т А́лла Серге́евна. Моего́ па́пу зову́т Оле́г Никола́евич. У меня́ есть брат. Его́ зову́т Андрю́ша.

Задава́й вопро́сы и́ли отвеча́й вме́сто Ната́ши:

> — Дава́й познако́мимся!
> — Как тебя́ зову́т?
> — ...
> — Как зову́т твою́ ма́му?
> — ...
> — Как зову́т твоего́ па́пу?
> — ...
> — Как зову́т твоего́ бра́та?
> — ...
> — Как ва́ша фами́лия?
> — ...

Запомни! Имена, отчества людей, их фамилии и клички животных пишутся с большой буквы.

Прочитай.

БЕ́ЛЫЙ ГОРОДО́К

На лугу́ у ре́чки
забеле́л снежо́к.
Э́то вы́шли ку́ры у́тром
на лужо́к...
Во́зле птицефе́рмы всё
от них бело́,

сло́вно там сугро́бы
за ночь намело́,
сло́вно не раста́ял
во́зле ре́чки лёд...
Ку́рочек Таню́ша
посмотре́ть идёт.

Ба́бушка Улья́на
вы́растила их
бе́леньких, пуши́стых
ку́рочек свои́х.
Ку́рочка — Снежи́нка,
петушо́к — Ледо́к.
Бе́лый, как зимо́ю,
пти́чий городо́к,
где лени́во дре́млет,
в ла́пы спря́тав нос,
ры́жий, как лиси́ца,
ба́бушкин Барбо́с.

З. Александрова

Выпиши из стихотворения имена людей, клички животных.

⑦ Как зовут девочку?

Как зовут её бабушку?

Какая кличка у собаки, петушка и курочки?

Познако́мься с но́выми друзья́ми.

Э́то Семён.

Э́то Ле́ра.

Спроси, как зовут этих детей, как их фамилии, как зовут их маму и папу.

Прочитай.

— Дава́йте познако́мимся! Меня́ зову́т Семён. А как тебя́ зову́т?

— ... .

— Моя́ фами́лия Петро́в? А твоя́?

— ... .

* * *

— Здра́вствуй! Ме́ня зову́т Ле́ра. А как тебя́ зову́т?

— ... .

— Как твоя́ фами́лия?

— ... .

Запиши один диалог.

СЛОВА ПРЕДСТАВЛЕНИЯ ПРИ ЗНАКОМСТВЕ

Все, кто хоть раз побывал в нашей стране, не могли не заметить, что русские люди весьма общительны. Они легко знакомятся и не менее легко вступают в беседу.

Очень часто среди взрослых можно услышать такой разговор:

— Меня зовут Игорь Петрович, а вас?

— А меня Нина Николаевна. Можно просто Нина.

— Очень приятно. А меня зовите Игорем, хорошо?

Конечно, существуют и более формальные выражения:

— Разрешите с вами познакомиться. — Меня зовут Николай Павлович.

— Валентина Ивановна, очень приятно.

У ребят всё гораздо проще:

а) — Я — Витя, а тебя как зовут?

— А я Дима.

— Я хочу с тобой познакомиться.

— Меня зовут Лёша, а тебя?

— А меня Катя.

в) — Давай познакомимся, ты Нина, да?

— Нина, а тебя как зовут?

— А меня — Костя. Друзья зовут меня Костик.

✓ 1. Предложите ребятам познакомиться друг с другом, используя приведённые формулы.

2. А как познакомить своих друзей с родителями или приятелями? Очень просто.
   а) — Мама, это Костя. Он из нашего класса.
   — Очень приятно, Костя. Меня зовут Елена Петровна.
   б) — Катя, познакомься, пожалуйста, это Маша, моя подруга.
   — <u>Катя.</u> Я очень рада.

124

Как правильно посчитать.

Запомни!

Считáть, посчитáть, пересчитáть.
Я считáю, посчитáю, пересчитáю.
Ты считáешь, посчитáешь, пересчитáешь.
Он
         считáет, посчитáет, пересчитáет.
Онá
Мы считáем, посчитáем, пересчитáем.
Вы считáете, посчитáете, пересчитáете.
Они́ считáют, посчитáют, пересчитáют.

Прочитай диалог.

— Алёша, посмотри́, пти́чки прилетéли!
— Давáй сосчитáем, Ири́на.
— Я посчитáла: семь пти́чек!
— А я сосчитáл тóлько пять.
— Давáй пересчитáем ещё раз.
— Раз, два, три, четы́ре, пять.
Две пти́чки улетéли.

Придумай похожий диалог, в котором нужно посчитать карандаши или фломастеры.

Давай поиграем!

Прочитай стихотворение по лицам и разыграй его.

Раз, два, три, четы́ре, пять!
Вы́шел зáйчик погуля́ть.
Вдруг охóтник выбегáет,
Пря́мо в зáйчика стреля́ет:
Пиф-паф! Ой-ой-ой!
Умирáет зáйчик мой.

<u>Зайчик:</u> Нет, я не хочý умирáть!

125

Раз, два, три, четы́ре, пять!
Вы́шел за́йчик погуля́ть.
Вдруг лиси́ца выбега́ет,
А наш за́йчик сам стреля́ет!
Пиф-паф! Ой-ой-ой!
Не придёт лиса́ домо́й!

Так можно посчитаться перед игрой.

⑦ Какие считалочки на русском языке ты ещё знаешь?

Предложите ребятам выучить наизусть стихотворение *С. Михалкова.*

Родили́сь у нас котя́та —
Их по счёту ро́вно пять.
Мы реша́ли, мы гада́ли:
Как же нам котя́т назва́ть?
Наконе́ц мы их назва́ли:
Раз, Два, Три, Четы́ре, Пять.
Раз — котёнок са́мый бе́лый,
Два — котёнок са́мый сме́лый,
Три — котёнок са́мый у́мный,
А Четы́ре — са́мый шу́мный,
Пять похо́ж на Три и Два,
Те же хвост и голова́.

Отгадай загадку.

Мохна́тенькая,
Уса́тенькая,
Молоко́ пьёт,
Пе́сенки поёт.

Кто э́то?

Как научиться правильно считать.

Оди́н, два, три, четы́ре, пять, шесть, семь, во́семь, де́вять, де́-
сять, оди́ннадцать, двена́дцать, трина́дцать, четы́рнадцать, пятна́-
дцать, шестна́дцать, семна́дцать, восемна́дцать, девятна́дцать,
два́дцать.

Прочитай и сосчитай.

О́чень лю́бят обезья́ны
Пересчи́тывать бана́ны:
Оди́н, два, три, четы́ре, пять ...
Обезья́нам помоги́те, но, счита́я,
Не спеши́те, чтоб оши́бок избежа́ть!

Раз, два, три, четы́ре.
Счита́ем ды́ры в сы́ре.
Éсли в сы́ре мно́го дыр,
Зна́чит вку́сным бу́дет сыр.
Éсли в нём одна́ дыра́,
Зна́чит, вку́сным был вчера́.

Счита́лочка для па́льцев.

Эти де́сять па́льцев-бра́тьев нам нужны́,
Чтоб умыва́ться, одева́ться, обува́ться
И завя́зывать шнурки́.
Чтоб лепи́ть из пластили́на
И пингви́на, и дельфи́на,
Стро́ить в па́рке космодро́м,
Дом, в кото́ром мы живём.
Со́лнце, фла́ги рисова́ть,
Что́бы сло́во «мир» писа́ть.

Давай поиграем.

Правильно расположи цифры и произнеси их:

Игра: «Путаница»: 1, 3, 5, 7, 6, 4, 8, 10, 9.

Как спросить, сколько стоит какая-нибудь вещь.

Прочитай.

— Скажи́те, пожа́луйста, ско́лько сто́ит э́та кни́га?
— Э́та кни́га сто́ит де́сять рубле́й со́рок копе́ек.

Запомни!

| оди́н (одна́) два (две) три четы́ре | рубль копе́йка рубля́ копе́йки | 5 — 20 | рубле́й копе́ек |

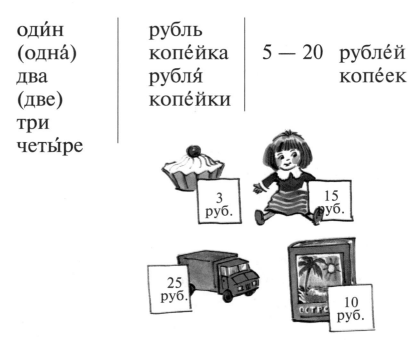

Спроси, сколько стоят эти предметы или ответь на этот вопрос.

Давай **поиграем**! Покупай или продавай мороженое.

Образец: — Скажи́те, пожа́луйста, ско́лько сто́ит моро́женое «Ла́комка»?
— Де́сять рубле́й.
— Да́йте, пожа́луйста, одно́.

128

Поправь Нину. Расскажи, что она покупала.

НИ́НОЧКИНЫ ПОКУ́ПКИ

Ма́ма сказа́ла Ни́не:
— Ни́на, купи́ в магази́не:
Килогра́мм мя́са,
Буты́лку ква́са,
Са́харный песо́к,
Спи́чечный коробо́к,
Ма́сло и компо́т.
Де́ньги — вот.
Ни́на сказа́ла:
— Бери́!
Бежи́т и повторя́ет:
— Килогра́мм мя́са,
Буты́лка ква́са,

Са́харный песо́к,
Ма́сло и компо́т.
Де́ньги в карма́не — вот.
Наро́ду в магази́не ма́сса,
Больша́я о́чередь к ка́ссе...
Наконе́ц, о́чередь Ни́нки.
Ни́на говори́т без запи́нки:
— Да́йте килогра́мм ква́са,
Буты́лку мя́са,
Спи́чечный пе́сок,
Са́харный коробо́к,
Ма́сло и компо́т.
Де́ньги — вот.

Ю. Владимиров

Перепиши диалог и **нарисуй** картинку.

— Скажи́те, пожа́луйста, ско́лько сто́ит альбо́м?
— Семь рубле́й.
— Да́йте, пожа́луйста, альбо́м и кра́ски.
— Вот они́.
— Спаси́бо.

РОССИЙСКИЕ ДЕНЬГИ

Прежде чем приступить к работе над уроком, сто́ит поговорить с ребятами о российских деньгах. Ребятам будет интересно узнать, что первыми денежными знаками Древней Руси были **гривны** — длинные полосы из серебра. Это название живёт ещё в слове «гривенник» (10 копеек), которое иногда употребляют и в наши дни. Эти полосы при расчётах могли рубить на куски. Отсюда и название — **рубль**. А вот копейки попадали к древним славянам от южных соседей — греков, турок и арабов. Копейками же монеты называли по изображению на них воина с копьём, который постепенно принимал черты святого Георгия Победоносца. Изображение его, как покровителя Москвы, можно увидеть на московском гербе.

Общее название «деньги» появилось на Руси не без влияния тюркских языков.

Отношение к деньгам у русских было всегда весьма противоречивое.

С одной стороны — «копейка рубль бережёт», с другой — «не в деньгах счастье». Русские с уважением относились к «трудовой копейке», но не любили тех, кто привык гнаться за длинным часто не очень честно заработанным рублём.

✓   Поговорите с ребятами о поговорках урока.

Давайте поиграем.

ЧЁРНОЕ И БЕЛОЕ

Эта старинная игра развивает внимание ребят и понимание русской речи. Игру лучше всего проводить в группах.

Ребята усаживаются кружком, ведущий, остановившись перед кем-нибудь, говорит:

> Бабушка прислала сто рублей,
> Что хотите, то купите.
> Чёрое и белое не берите,
> «Да» и «Нет» не говорите.

Потом задаёт вопросы, *например, такие:*

> — Тебе нравится это чёрное платье?
> — Не очень.
> — Где ты купил эту красивую белую майку?
> — Она не белая!
> — Проиграл!

Проигравший может прочитать стихотворение или 10 раз произнести скороговорку. Может быть, такую:

> — Расскажите про покупки.
> — Про какие про покупки?
> — Про покупки, про покупки,
> Про покупочки мои.

> Как позвонить другу (подруге).

Прочитай.

Ната́ша:

Я хочу́ позвони́ть по телефо́ну свое́й подру́ге Ле́ре, но не уме́ю э́того де́лать.

Помоги́ мне, пожа́луйста!

Я зна́ю, что ну́жно набра́ть но́мер и попроси́ть к телефо́ну ну́жного челове́ка.

Я набира́ю:123-40-09.

В отве́т я слы́шу коро́ткие гудки́.

Что э́то зна́чит?

Я набира́ю но́мер ещё раз.

К телефо́ну подошла́ ма́ма Ле́ры.

Проверь меня, всё ли я сделала правильно?

— Здра́вствуйте.
— Здра́вствуй.
— Позови́те, пожа́луйста, Ле́ру к телефо́ну.
— Сейча́с позову́.
— Приве́т, Ле́ра! Э́то Ната́ша.
— Здра́вствуй, Ната́ша.
— Скажи́, пожа́луйста, ты пойдёшь на стадио́н сего́дня?
— Обяза́тельно пойду́. Встре́тимся в два часа́ о́коло вхо́да.
— До свида́ния!
— До встре́чи, Ната́ша!

«Позвони» по телефону своим друзьям.

Расскажи, о чём вы говорили?

ПРОЧИТА́Й РАЗГОВО́Р ПО ТЕЛЕФО́НУ

Я три но́чи не спал.
Я уста́л
Мне б засну́ть,
Отдохну́ть...
Но то́лько я лёг — звоно́к!

— Кто говори́т?
— Носоро́г.
— Что тако́е?
— Беда́, беда́!
Беги́те скоре́е сюда́!

131

— В чём де́ло?
— Спаси́те!
— Кого́?
— Бегемо́та
Наш бегемо́т провали́лся
в боло́то...
— Провали́лся в боло́то?
— Да!
И ни туда́, и ни сюда́!

О, е́сли вы не придёте —
Он уто́нет, уто́нет в
боло́те,
Умрёт, пропадёт,
Бегемо́т!!!
— Ла́дно. Бегу́! Бегу́!
Е́сли смогу́, помогу́!
Ох, нелёгкая э́то рабо́та
— Из боло́та тащи́ть
бегемо́та.

К. Чуковский

Выучи стихотворение.

Напиши, что случилось с бегемотом?

ТЕЛЕФОННЫЙ РАЗГОВОР

Разговор по телефону — это одна из самых распространённых форм человеческого общения, у которого есть свои правила. Следовать им нужно для того, чтобы разговор по телефону получился лёгким, приятным и толковым. Телефоны во всех странах одинаковы, а вот правила могут и отличаться друг от друга.

Сразу после звонка мы обычно говорим международное **«Алло»** или русское **«Да»**. Можно добавить слова: **«Слушаю»** или **«Вас слушают»**. Фамилии в начале разговора называют чаще всего в учреждениях.

«Иванов у телефона» («Да, Иванов слушает»). Ваш собеседник может уточнить: **«Это квартира Петровых?»** или **«Это Дима?»**. Если ответит мама Димы, то следует сказать так: **«Простите, это мама Димы?»** или **«Простите, это Ирина Ивановна?»**

132

В разговорах ребят можно услышать такие реплики:

— Катюша, это ты?

— Да, это я, Костик?

При ошибочном звонке нам пригодятся реплики: «Вы ошиблись», «Вы не туда попали», «Вы не туда звоните», «Здесь таких нет».

Просьбу позвать кого-либо к телефону можно выразить так: «Ирина Ивановна, а Дима дома? Позовите его, пожалуйста». — «Одну минуточку... Дима, тебя к телефону».

А представьте, что Димы нет дома. Продолжим диалог.

— Дима, дома?

— Его сейчас нет (он вышел). Что ему передать?

— Скажите (передайте), что ему звонил Петя.

— Хорошо, Петя, я ему всё передам.

— Спасибо!

Заканчивая разговор по телефону, не забудьте поблагодарить собеседника за звонок, а возможно, и договориться с ним о новой телефонной встрече.

— Миша, спасибо за звонок (что позвонил).

— Вечером ты будешь дома?

— Да, дома. Можешь мне звонить до десяти вечера.

— Договорились. Жди звонка (я тебе позвоню).

✓ Предложите ребятам, используя наши формулы, поговорить друг с другом по телефону. Добавьте к разговору такие фразы: «Я тебя плохо слышу — говори громче (перезвони мне, пожалуйста)».

Как узнать возраст.
Как спросить и ответить на вопрос: — Сколько тебе лет?

Прочитай.

В кабине́те врача́.
<u>Врач:</u> Как твоя́ фами́лия и и́мя?
<u>Ната́ша:</u> Дени́сова Ната́ша.
<u>Врач:</u> Ско́лько тебе́ лет?
<u>Ната́ша:</u> Мне семь лет.

Запомни.

Ско́лько
тебе́
ему́
ей
бра́ту — лет?
сестре́
ма́ме
па́пе

Мне 7 лет.
Ему́ 20 лет.
Ей 24 го́да.
Бра́ту 1 год.
Сестре́ 20 лет.
Ма́ме 30 лет.
Па́пе 42 года.

1 год
2, 3, 4 го́да
5—20 лет

Прочитай.

Это семья Денисовой Наташи. Вот папа. Он инженер. Ему сорок два года. Вот мама. Она врач. Ей тридцать лет. Это Наташа. Ей семь лет. А самый маленький в этой семье — брат Наташи Андрей. Ему один год. В деревне живут бабушка и дедушка Наташи. Бабушке семьдесят лет, а дедушке семьдесят два года. У мамы Наташи есть брат. Ему двадцать лет.

Выучи стихотворение.

Бабушка, ты тоже
Маленькой была?
И любила бегать
И цветы рвала.
И играла в куклы
Ты, бабуся, да?

Цвет волос какой был
У тебя тогда?
Значит, буду также
Бабушка и я -
Разве оставаться
Маленькой нельзя?

А. Плещеев

Спроси у своих одноклассников, сколько им лет? Сколько лет братьям и сёстрам твоих друзей?

Напиши, сколько лет твоей бабушке, твоему дедушке, твоим родителям, твоим братьям и сёстрам.

Как сказать, кто старше или младше?

Прочитай и ответь на вопросы.

У Фéди
и Áни есть
стáрший
брат Кóля.
Ему 10 лет.

Фéдя
мáленький.
Ему́ 4 гóда.

У негó есть сестрá Áня. Онá стáрше егó на 3 гóда. Ей 7 лет.

(?) На скóлько лет Кóля стáрше Фéди?
На скóлько лет Коля стáрше Áни?

Антóн млáдше своегó дру́га Валéры.
Валéре 11 лет, а Антóну 10 лет.
На скóлько Антóн млáдше Валéры?

Запомни!

Мой брат стáрше меня́ на ⟨ 1год
       млáдше   2, 3, 4 гóда
              на 5 лет

Моя́ сестрá стáрше меня́ на ⟨ 1год
       млáдше   2, 3, 4 гóда
              на 5 лет

Прочитай диалог по ролям.

Натáша:
— Антóн, расскажи́ о свои́х брáтьях и сёстрах.
На скóлько лет ты стáрше и́ли млáдше их?

Антóн:
— У меня́ две сестры́ и оди́н брат.
Моя́ стáршая сестрá Али́са стáрше меня́ на 7 лет.

Ей уже́ 14 лет. Мой брат Бо́ря ста́рше меня́ на 3 го́да.

Ему́ 10 лет.

Моя́ мла́дшая сестра́ Оля́ мла́дше меня́ на 1 год.

Ей шесть лет.

<u>Ната́ша:</u>

— А ско́лько тебе́ лет?

Помоги Антону.

⑦ **Скажи**, у тебя есть братья и сёстры.

Старше или младше тебя?

Напиши об этом.

«СКРОМНЫЕ» СЛОВА

Каждое выражение благодарности в наш адрес требует от нас, в свою очередь, ответной реплики. Ответные слова не только показывают нашу скромность и воспитанность, но и делают атмосферу общения более сердечной и непринуждённой.

Самое простое ответное слово, конечно же, наше волшебное — «пожалуйста».

- Спасибо вам! — Пожалуйста.

Можно сказать и по-другому.

— Спасибо тебе! — Ну что ты! Не сто́ит.

Вы говорите «Не сто́ит», а на самом деле, вежливость дорогого сто́ит. Ответные реплики можно построить в форме лесенки, ведущей вниз. Чем ниже ступенька, тем скромнее и воспитаннее мы выглядим.

пожалуйста

    не за что

        не стоит

            какие пустяки

                ну что вы!

А ещё можно собрать эти слова все вместе. Тогда воспитанности нашей цены не будет.

— Большое спасибо тебе! — Пожалуйста! Не за что! Не стоит меня благодарить! Какие пустяки! Ну что вы! Это вам спасибо!

✓ Давайте вместе с ребятами вспомним наших добрых друзей и знакомых и разыграем сценки, как бы они отблагодарили нас за подарок, и как бы мы ответили им на благодарность.

Как поздравить с праздником.

Прочитай.

Я поздравля́ю		Но́вым го́дом!
Мы поздравля́ем	тебя́ (вас) с	пра́здником 8 Ма́рта
		пра́здником Побе́ды
		днём рожде́ния

Запомни!

> Я поздра́вил(а) ма́му
> с пра́здником

Я хочу́ ⎯⎯⎯ поздра́вить ⎯⎯⎯ Иру ⎯⎯⎯ с пра́здником.
Мы хоти́м ⎯⎯⎯ ⎯⎯⎯ Бори́са ⎯⎯⎯
⎯⎯⎯ де́душку ⎯⎯⎯

Скажи, кто кого поздравляет.

Что они говорят?

Прочитай русскую народную пословицу.

При со́лнышке тепло́,
При ма́тери добро́.

Прочитай стихотворение и выучи его.

Како́е самое пе́рвое сло́во?
Како́е самое све́тлое сло́во?
Како́е самое гла́вное сло́во?
Шепни́ его ти́хо,
Скажи́ его зво́нко.
Гла́вное слово
Любо́го ребёнка — ма́ма.

Н. Бромлей

Прочитай.

ЗА ЧТО ЛЮБЛЮ́ МА́МУ

Воспита́тельница в де́тском саду́ спроси́ла:

— За что вы, де́ти, лю́бите ма́му?

У Пе́ти ма́ма стро́итель. Он хоте́л сказа́ть: «За то, что ма́ма дома́ стро́ит», но промолча́л...

Зи́на хоте́ла сказа́ть: «За то, что ма́ма вку́сную еду́ гото́вит», и то́же промолча́ла.

Тут со сту́льчика вста́ла Га́ля:

— Когда́ мне бо́льно, ма́ма ме́ня пожале́ет, и мне уже́ не бо́льно. Я люблю́ ма́му за э́то.

— И я за э́то! — закрича́л Пе́тя.

— И я..., — сказа́ла Зи́на.

Оказа́лось, все де́ти лю́бят свои́х мам за э́то.

А. Митяев

Расскажи о своей маме. Поздравь её с праздником.

Родителям

ПОЗДРАВИТЕЛЬНЫЕ СЛОВА

Поздравление, как любое ласковое слово, человеку всегда слушать приятно. Ведь поздравление — это и проявление нашего внимания к близким, и лишний повод высказать им добрые чувства: «Ласковое слово и в холод согреет».

Поздравления, как и причины для них, могут быть самыми разными — официальными и сердечными, длинными и короткими.

Учитель говорит по случаю окончания учебного года так:

— Дорогие ребята, разрешите поздравить вас с успешным окончанием учебного года!

Родителям мы говорим так:

— Мамочка, поздравляю тебя с днём рождения. Желаю тебе счастья.

— Спасибо за поздравление, доченька.

Или так:

— Папа, с праздником! Счастья тебе и здоровья.

— Спасибо за поздравление. Я и тебе того же желаю.

Пожелания могут быть любыми — такими, например, как в этой хорошей песне, которую пели наши мамы и бабушки.

Мы желаем счастья вам!

Счастья в этом мире большом.

Как солнце по утрам,

Пусть оно заходит в каждый дом.

✓ 1. Прочитайте вместе с ребятами слова для поздравлений и пожеланий.

Поздравляю тебя (вас): с праздником, с днём рождения, с Новым годом, с Рождеством.

Желаю тебе (вам): здоровья, счастья, радости, успеха, всего хорошего, всего самого доброго, многих лет жизни.

2. Давайте разыграем сценки поздравлений мамы, папы, дедушки, бабушки, сестрёнки, брата, друзей.

Немного грамматики

Обратим внимание голосом на употребление **винительного падежа** после *поздравлять (кого?)* и **дательного** — после *желать (кому?)*, **творительного** после предлога *(с чем?)* и **родительного** без предлога — после *желать (чего?)*.

СЛОВА ПОЖЕЛАНИЯ ЗДОРОВЬЯ

Слово «поздравление», как и «здравствуй», происходит опять же от слова «здоровье». Для наших далёких предков, как и для нас, не было ничего на свете дороже здоровья. Вот и желали друг другу они самого дорогого — здоровья. Так и говорили: «Здравия желаю». А мы пишем в письмах и в наши дни: «Желаю тебе, бабушка, крепкого здоровья».

Самое интересное и забавное, что само слово «здоровье» происходит от «дерево».

В слове «дрова» это хорошо слышится. Дерево давало древнему человеку тепло и одежду, пищу и крышу над головой. Было важным и дорогим для людей, как здоровье.

- Поговорите с детьми о том, почему здоровье так важно для нас?
- Почему дерево было так важно для древних людей?
- А для нас? Что дают нам деревья?
- Почему их надо беречь так же, как и здоровье?

Что подарить другу (подруге) и как поздравить его (её).

Прочитай.

Сегодня у Виктора и Лены день рождения. Утром их друзья были в магазине «Подарки». Они купили подарки Виктору и Лене.

Давай поиграем!

Найди подарки для Виктора и Лены в магазине «Подарки».

Друзья Виктора поздравили его так:

Антон.

— Дорогой Виктор!
Я поздравляю тебя с днём рождения и желаю тебе здоровья и хорошей учёбы. Пусть эта настольная лампа помогает тебе делать уроки.

Сергей.

— Дорогой Витя!
Я знаю, что ты очень любишь читать.
Я дарю тебе интересную книгу — «Приключения Незнайки». Поздравляю тебя!

Подруги Лены поздравили её так:

Оля.

— Дорогая Леночка!
Поздравляю тебя с днём рождения и желаю всего самого хорошего.
Оля подарила Лене куклу.

<u>Ната́ша:</u>

— Дорога́я Ле́на!

Поздравля́ю тебя́ с днём рожде́ния! Жела́ю тебе́ сча́стья и ра́дости. Э́ти карандаши́ и альбо́м — для твои́х но́вых рису́нков.

⑦ Как поздравляли ребят гости?

Что подари́ли Ви́те?
Что ему́ пожела́ли друзья́?
Что подари́ли Ле́не?
Что ей пожела́ли?

Давай поиграем!

Поздра́вь свои́х друзе́й и пода́ри им э́ти предме́ты:

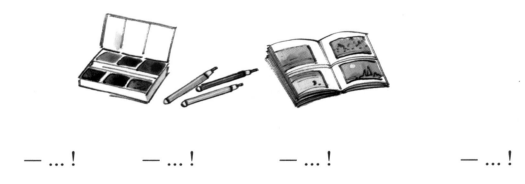

— …!   — …!   — …!   — …!

Подпиши́ откры́тку «С днём рожде́ния!».

СЛОВА БЛАГОДАРНОСТИ ЗА ПОДАРОК — ВСЕГДА ПРИЯТНЫЕ СЛОВА

Когда в гости к нам кто-то приходит с подарками — это просто замечательно! Но хорошо также делать подарки другим. Подарки могут быть большими и маленькими, дорогими и не очень. Дорог не сам подарок, а дорого внимание. Умение выразить благодарность за это внимание, как и умение делать людям приятное, высоко ценится в человеке. Ведь недаром говорится: «Мило, когда люди людям милы».

✓ 1. Прочитаем вместе с ребятами отрывок из стихотворения *Эммы Мошковской*.

КАКИЕ БЫВАЮТ ПОДАРКИ

В подарок можно дудеть,
Подарок можно надеть,
Подарки вкусные есть...
Подарок может взлететь,
В клетке сидеть и петь.
Подарок может ползти,
Плыть. Плавниками грести.
Но каждый, наверное, хочет
Подарок, который ходит!
Который хвостом виляет!
И лает...
Каждый желает!

2. Сначала спросим ребят, о каких подарках идёт речь в стихотворении.
3. Используя строчки из стихотворения, спросим ребят, какие подарки они хотели бы получить. Например, так:
— Ты хотел бы получить вкусный подарок? Какой?
— Ты хотел бы получить подарок, который может взлететь? (воздушный шарик, самолёт, птичку и т.п.)
4. Как бы поблагодарили ребята за эти подарки, пользуясь лесенкой слов благодарности из урока № 3?

Как сказать о том, что ты рад(а).

Прочитай.

Игорь рад, что у него есть новые лыжи.

Вера рада, что у неё есть новые коньки.

Ребята рады, что у них спортивный праздник в школе.

❓ Чему рады Игорь, Вера и ребята?

Прочитай.

— Заяц, Заяц,
Чем ты занят?
— Я морковку разгрызаю.
— А чему ты, заяц, рад?
— Рад, что зубы не болят!

По Г. Сапгиру

❓ Чему рад заяц?

Чему рада девочка?

Мальчик рад.
Он победил
в соревнованиях.

Чему рад малыш?

Прочитай.

— Здра́вствуй, Ната́ша!

— Здра́вствуй, Анто́н. Как твои́ дела́?

— Я сего́дня о́чень рад! Я победи́л на соревнова́ниях по пла́ванию.

— Поздравля́ю. Я то́же ра́да за тебя́.

Спроси у соседа по парте.

— Чему́ ты рад?

Придумай диалог.

— Дорога́я Ната́ша! Приглаша́ю тебя́ на мой день рожде́ния.

— ... ?

— Я о́чень ра́да!

— ... ?

Мы бу́дем ...

... есть торт и моро́женое, весели́ться

СЛОВА ПРИГЛАШЕНИЯ

Самые простые слова приглашения в гости это: заходи(те) — приходи(те) — проходи(те).

Если ваш дом всегда открыт для вашего приятеля и вы всегда рады ему, то лучше слова «заходи» ничего не придумаешь.

— Дима, заходи ко мне, когда хочешь.

— Петя, заходи ко мне вечером, посмотрим видик (видеофильм).

— С удовольствием!

«Приходи» просит уточнения:

— Алёна, приходи ко мне на день рождения.

— Спасибо. Обязательно приду.

Более официально звучит:

— Я приглашаю тебя на день рождения.

— Спасибо за приглашение. Приду.

А войти в дом мы приглашаем так:

— Проходи, проходи, не стесняйся.

— Проходи, раздевайся.

— Давай пойдём в мою комнату.

✓ 1. Давайте пригласим к себе в гости друзей-приятелей. Представить эти сценки вам помогут слова приветствия, благодарности и слова-приглашения. Наш диалог можно представить в виде разговора по телефону:

— Это Дима?

— Да, это я.

— Здравствуй, Дима. Это я — Саша.

— Привет, Саша.

— Как дела, Дима?

— Все хорошо. А у тебя.

— Неплохо. Я хочу пригласить тебя на мой день рождения.

— Спасибо! А когда?

— В субботу вечером. Приходи.

— Спасибо! Обязательно приду.

2. Предложите пригласить друзей на самые разные праздники.

ОТВЕТНЫЕ СЛОВА

Люди, приезжающие из других стран в Россию, говорят, что русские довольно открыты в своих чувствах. Действительно, у нас много чудаков, которых называют «душа нараспашку», и даже те, которых нельзя никак назвать «простодушными», любят порой «поплакать в жилетку», т.е. рассказать о своей грусти-печали малознакомым людям.

Вот почему на вопросы «Как дела?», «Как поживаешь?» можно услышать и не очень весёлые выражения, которые мы расположили на лесенке, ведущей вниз.

И даже — вот оно русское «смех сквозь слёзы» — Спасибо, плохо.

Спускаться по лесенке ребятам совсем не обязательно, но знать её желательно.

(!) Объясните ребятам, что в России существует пятибалльная система оценок, где высшая оценка «5», а «тройка» — 3 — совсем так себе, не очень.

✓ 1. Прочитаем вместе стихотворение Людмилы Фадеевой о грустной Лиле и развесёлом Ромке.

> Идёт из шко́лы Ли́ля.
> Ей ничего́ не ми́ло.
> «В чём де́ло?» — мы спроси́ли.
> «Я тро́йку получи́ла!»
> Бежи́т Ники́тин Ро́мка,
> А от него́ — лучи́!
> «Ура́! — кричи́т он гро́мко, —
> Я тро́йку получи́л!»

2. Как вы думаете, какой ответ на нашей лесенке выберет Лиля? А что ответит Ромка? Кто лучше учится Лиля или Ромка? С кем бы ты хотел дружить и почему?

Как пра́вильно написа́ть а́дрес.

Прочита́й.

Анто́н:

— Ната́ша, кому́ ты написа́ла письмо́?

Ната́ша:

— Али́се. Она́ моя́ подру́га. Мы вме́сте отдыха́ли на мо́ре.

Анто́н:

— А я отпра́вил письмо́ дру́гу в Москву́. Я написа́л ему́ откры́тку.

Он написа́л письмо́.   Он отпра́вил письмо́.

Прочита́й.

ПИ́СЬМА

На снегу́, как на страни́чке,
Пи́шут го́луби, сини́чки,
Пи́шет ста́я снегире́й,
Пи́шет се́рый воробе́й.
Пи́шут Пе́те и Андрю́шке,
Чтобы́ сде́лали корму́шки.

А. Тараскин

Запо́мни!

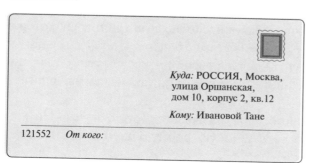

Куда: РОССИЯ, Москва,
улица Оршанская,
дом 10, корпус 2, кв.12

Кому: Ивановой Тане

121552   *От кого:*

⑦ Кому́ пи́шут пи́сьма?
Что пи́шут в пи́сьмах?

Прочитай.

Серге́й написа́л письмо́ своему́ дру́гу Анто́ну. Он положи́л письмо́ в конве́рт, закле́ил его́ и опусти́л письмо́ в я́щик.

Письмо́ доста́ли из я́щика вме́сте с други́ми пи́сьмами, пото́м оно́ лете́ло в самолёте, е́хало в по́езде. В го́роде, где живёт Анто́н, письмо́ встре́тили.

Почтальо́н принёс письмо́ в кварти́ру Анто́на. Анто́н рад.

Напиши путь письма:

Письмо́ ⟶ конве́рт ⟶ я́щик ....

Подпиши конверт.

Родителям

СЛОВА ДЛЯ ПИСЕМ

В прошлом веке русский поэт Александр Твардовский написал такие строки:

> Письма пишут разные
> Слёзные, болезные,
> Иногда прекрасные,
> Чаще бесполезные.

В этом уроке мы поговорим с ребятами о прекрасных и полезных письмах, которые мы пишем близким и родным людям. Дети, живущие в России, знают и любят рассказ А.П. Чехова «Ванька». Девятилетний мальчик, герой этого рассказа, послал очень трогательное и грустное письмо дедушке, которое тот никак и никогда не мог получить. А всё потому, что на конверте бедный Ванька Жуков написал: «На деревню дедушке», и всё.

Вот и говорят со времён чеховского рассказа это шутливое выражение, когда хотят сказать о ком-либо, кто указывает неправильный адрес или собирается писать неизвестно куда, не зная точного адреса и адресата.

Любое письмо начинается с адреса, написание которого в России имеет свои особенности.

На конверте, в специальных клеточках, пишут почтовый индекс, первые три цифры которого обозначают область и город, а другие три — почтовое отделение самое близкое к дому адресата. Эти цифры читают умные машины — помощники почтальонов. Цифровой индекс следует указывать и после названия города или области. Порядок написания адреса в России такой, как вы видите на с. 147.

Разговор, который мы ведём с помощью звучащих слов, называется **устной речью**. Но можно общаться друг с другом благодаря письменному тексту. Такую форму общения мы называем **письменной речью**.

148

У всех видов письменной речи есть свои законы и правила. Есть они и у письма. Вот каким правилам написания писем близким людям мы должны, конечно же не сразу, научить ребят.

Приветствие и обращение	*Здравствуй здравствуйте, привет (приятелям). Дорогой, -ая, -ие; родной, -ая, -ые; милый -ая, -ые; любимый, -ая, -ые; уважаемый, -ая -ые (в официальном письме).*
Начальные строки	*Я получил твоё письмо. Я давно не получал твоих писем. Спешу ответить на твоё письмо. Сразу не мог (-ла) ответить на твоё письмо и т.д.*
Содержание письма	*Эта часть пишется свободно, но и здесь можно встретить типичные выражения, которые неплохо знать, например, такие: Хочу рассказать тебе о том, что у меня много новостей для тебя. У нас всё по-старому и т.д.*
Просьбы писать письма Привет кому-либо и прощания.	*Прошу тебя написать мне. Жду ответа. Жду твоих писем. Передавай привет (кому-либо). Большой привет (кому-либо). До свидания. До встречи. Обнимаю. Крепко целую. Жму руку (обычно мужчины, юноши и мальчики друг другу) — Твой (твоя, твои, ваша) Петя (Лена, друзья и т.д.). С уважением Витя. С любовью Лена.*
Год, число и подпись	

Помогите ребятам написать письмо в Россию — бабушке, дедушке, тёте, дяде или друзьям. В группах можно провести конкурс на лучшее письмо и оформление конверта.

А ещё ребята должны, и это им уже по силам, уметь писать открытки, например, самые распространённые — поздравительные. Может быть, вот такие:

1. *Дорогая бабушка!*

Поздравляю тебя с Днём Рождения! Желаю тебе крепкого здоровья и счастья.

Целую, твоя внучка Света.

2. *Уважаемая Марина Львовна!*

Поздравляем Вас с Новым годом! Желаем счастья и успехов.

Ваши ученики.

1. Предложите, ребятам написать открытки по самым разнообразным поводам.

2. Прочитайте с ребятами отрывок из стихотворения *С.Я. Маршака*

Желаю вам цвести, расти,
Копить, крепить здоровье.
Оно для дальнего пути
Главнейшее условие.

Вам от души желаю я,
Друзья, всего хорошего.
А всё хорошее, друзья,
Даётся нам недёшево.

Как рассказать о временах года.

❓ Сколько месяцев в году?

янва́рь
февра́ль
март
апре́ль
май
ию́нь
ию́ль
а́вгуст
сентя́брь
октя́брь
ноя́брь
дека́брь

Прочитай.

ВРЕМЕНА́ ГО́ДА

Че́тверо худо́жников
Сто́лько же карти́н.
Бе́лой кра́ской вы́красил
Всё подря́д оди́н.

У второ́го — си́ние
Не́бо и ручьи́.
В си́них лу́жах пле́щутся
Ста́йкой воробьи́.

На карти́не третье́го
Кра́сок и не счесть:
Жёлтая, зелёная
Голуба́я есть.

150

А четвёртый зо́лотом
Расписа́л сады́,
Ни́вы урожа́йные,
Спе́лые плоды́.
Всю́ду бу́сы-я́годы
Зре́ют по леса́м.
Кто же те худо́жники?
Догада́йся сам!

Е. Трутнева

? Какое время года ты любишь? Почему?

Отгадай загадку.

На пе́рвую ступе́ньку
Встал па́рень молодо́й,
К двена́дцатой ступе́ньке
Пришёл стари́к седо́й.

Е. Благинина

Допиши.

Я люблю́ ..., потому́
что ...

О ВРЕМЕНАХ ГОДА

После того как ребята прочитают название времён года и месяцев, спросим их о том, к какому времени года относится тот или иной месяц, а потом почитаем вместе сказку-загадку В.И. Даля.

✓ 1. Читаем вместе с ребятами.

151

СТАРИ́К-ГОДОВИ́К

Вышел старик-годовик. Стал махать рукавом и пускать птиц. Каждая птица со своим именем. Махнул старик-годовик первый раз — и полетели первые три птицы. Стало холодно. Пошёл снег.

Махнул старик-годовик второй раз — и полетела вторая тройка. Снег начал таять, на полях появились цветы.

Махнул старик-годовик третий раз — полетела третья тройка. Стало жарко, душно...

Махнул старик-годовик четвёртый раз — и полетели ещё три птицы. Подул холодный ветер, посыпался частый дождь.

2. Задайте детям вопросы.

1) А кто такой старик-годовик?

2) Сколько раз махнул он рукавом и что значил каждый взмах руки?

3) Сколько птиц и почему вылетало из рукава каждый раз?

4) Какие месяцы обозначает первая, вторая, третья и четвёртая тройка птиц.

Давайте **поиграем.**

Какое время года лучше?

Ребята называют своё любимое время года и рассказывают, почему оно им нравится. Побеждает самый красноречивый и содержательный рассказ. Дети могут задавать друг другу вопросы, почему им не нравятся другие времена года. Цель игры вывести детей в учебную дискуссию.

Отгадаем загадки о временах года

Тает снежок,
Ожил лужок,
День прибывает.
Когда это бывает?
(весной)

***

Солнце печёт
Липа цветёт,
Рожь поспевает.
Когда это бывает?
(летом)

Снег на полях,
Лёд на реках,
Вьюга гуляет.
Когда это бывает?
(зимой)

***

Пусты поля,
Мокнет земля,
Дождь поливает.
Когда это бывает?
(осенью)

> Как рассказать о днях недели.

Запомни дни недели по порядку:

ЧТО?		КОГДА?	
	понеде́льник		в понеде́льник
	вто́рник		во вто́рник
	среда́		в сре́ду
	четве́рг		в четве́рг
	пя́тница		в пя́тницу
	суббо́та		в суббо́ту
	воскресе́нье		в воскресе́нье

Отгадай загадки.

Что за пти́цы пролета́ют?
По семёрке в ка́ждой ста́е.
Верени́цею летя́т,
Не воро́тятся наза́д.

Л. Ульяницкая

Под Но́вый год пришёл он в дом
Таки́м румя́ным толстяко́м.
Но с ка́ждым днём теря́л он вес
И наконе́ц совсе́м исче́з.

С. Маршак

Прочитай.

Анто́н рассказа́л о том, что он де́лал по́сле уро́ков всю неде́лю:

В понеде́льник я ходи́л в кино́.
Во вто́рник мы с ма́мой ходи́ли в магази́н.
В сре́ду я игра́л с Ната́шей в ша́хматы.
В четве́рг ко мне приходи́л Серёжа.
В пя́тницу я был в музе́е.
В суббо́ту я е́здил в го́сти к ба́бушке.
В воскресе́нье я ходи́л к дру́гу в го́сти.

20-2340

153

❓ В како́й день неде́ли к нему́ приходи́л друг? В како́й день неде́ли он е́здил к ба́бушке? Когда́ он игра́л в ша́хматы?

Запомни!

Вчера ————————→ сегодня ————————→ завтра

Ответь на вопросы письменно.

Что ты де́лал(а) вчера́? Вчера́ я ...
Что ты де́лаешь сего́дня? Сего́дня я ...
Что ты бу́дешь де́лать за́втра? За́втра я ...

Родителям

О ДНЯХ НЕДЕЛИ

На уроках русского языка мы должны стремиться не только к тому, чтобы ребята поняли и запомнили слова и выражения, но и научились «вглядываться» в их глубинный смысл, как говорят, «чувствовать язык».

Так, говоря о днях недели, постарайтесь донести до детей изначальный смысл этих названий. В слове **понедельник** ребята без труда увидят корень *недел-* — и поймут, что этот день делит время по «неделям». **Вторник** — второй день, **четверг** — четвёртый, а **пятница** — пятый. Со **средой** — серединой недели всё ясно, а вот **суббота** пришла к нам из еврейского языка, где обозначала седьмой, последний, день недели. **Воскресенье** связано с воскресением Иисуса Христа, происшедшее в этот день.

✓ 1. Прочитайте ребятам стихотворение *В. Александрова*. Объясните им значение слова «кормушка». Чтобы помочь птицам пережить холодную и голодную зиму, ребята и взрослые мастерят для птиц, которые не улетают на юг, кормушки.

Мы кормушку смастерили,
Мы столовую открыли,
Воробей, снегирь-сосед
Будет вам зимой обед.
В гости в первый день недели
К нам синицы прилетели,
А во вторник, посмотри,
Прилетели снегири.
Три вороны были в среду,
Мы не ждали их к обеду,

А в четверг со всех краёв —
Стая жадных воробьёв.
В пятницу в столовой нашей
Голубь лакомился кашей,
А в субботу на пирог
Налетело семь сорок.
В воскресенье, в воскресенье
Прилетел к нам гость весенний —
Путешественник-скворец...
Вот и песенке конец.

2. Попросите ребят подумать и сказать, какие птицы остаются на зиму в России? О них говорится в стихотворении.

3. В какие дни какие птицы прилетели к кормушке?

4. Почему скворец - гость весенний? Где он зимует?

Как рассказать о направлении движения.

Прочитай рассказ мальчика.

Здра́вствуйте! Я Алёша. Э́то Ири́на, моя́ сестра́. Я учени́к. Сейча́с **иду́** в шко́лу, а Ири́нку **веду́** в де́тский сад. Я **несу́** портфе́ль, а Ири́нка везёт в коля́ске ми́шку. Когда́ я опа́здываю, **бегу́** в шко́лу. Иногда́ я **е́ду** в авто́бусе.

Вы́учи стишок.

Идёт бычо́к кача́ется,
Вздыха́ет на ходу́.
Ох, доска́ конча́ется,
Сейча́с я упаду́

А. Барто

Соба́чка
бежи́т

Соба́чка
стои́т

Соба́чка
плывёт

Соба́чка
ме́дленно
идёт, опусти́в
го́лову

Куда́ ты — идёшь?
— е́дешь?
— бежи́шь?

Я — иду́
— бегу́
— е́ду

в шко́лу.
в магази́н.
в парк.
вверх.
вниз.
вле́во.
впра́во.

Расскажи, что делает мальчик и **напиши** об этом.

Как рассказать о том, что ты делаешь в свободное время.

Прочитай.

Э́то наш спорти́вный зал. Здесь мы занима́емся спо́ртом: гимна́стикой, бо́ксом, баскетбо́лом. Здесь мы игра́ем в футбо́л. Мы лю́бим спорт.

Запомни!

— **Чем ты занима́ешься?**
— Я занима́юсь му́зыкой — игра́ю на пиани́но.

Я занима́юсь
Ты занима́ешься рисова́нием,
Он (она́) занима́ется

— **Что ты лю́бишь де́лать в свобо́дное вре́мя?**
— В свобо́дное вре́мя я люблю́ чита́ть.

Мы занима́емся спо́ртом,
Вы занима́етесь му́зыкой.
Они занима́ются

? Чем вы занима́етесь в спортза́ле?
Допиши́ предложе́ния:

Образе́ц:　　Алёна занима́ется та́нцами.

Са́ша (занима́ться) му́зыкой.
Я (занима́ться) спо́ртом.
Вы (занима́ться) рисова́нием?

Придумай диалоги по картинкам так, чтобы в них прозвучали слова: **спасибо, чудесно, хорошо, всё в порядке, нормально, прекрасно**.

156

До новых встреч!

(?) Чему ты научился или научилась?
Что ты теперь умеешь делать?

Выучи стихотворение.

ЧИТА́ЛОЧКА

Как хорошо́ уметь чита́ть!
Не на́до к ма́ме
пристава́ть,
Не на́до ба́бушку трясти́:
«Прочти́, пожа́луйста!
Прочти́!»
Не на́до умоля́ть
сестри́цу:

«Ну, почита́й ещё
страни́чку!»
Не на́до звать,
Не на́до ждать,
А можно́ взять
И почита́ть!

В. Берестов

До встречи!

СЛОВА ПРОЩАНИЯ

В давние времена слово «прощай» было формой выражения прощения и прощания. Перед дальней дорогой люди просили друг у друга простить их за все обиды, снять вину за происшедшее в прошлом. Сейчас слово «прощай» употребляется редко при расставании надолго или навсегда.

В начале позапрошлого века стали всё чаще говорить «до свидания».

Интересно, услышат ли ребята в слове «свидание» общее с глаголом «видеть»?

Выражение «до свидания» очень часто употребляется с пожеланиями, которые можно расположить по лесенке от нейтрального «всего хорошего» и выше по степени сердечности общения.

всего самого-самого доброго

всего самого доброго

всего доброго

всего хорошего

Всего вам доброго, до свидания!

В настоящее время очень часто мы говорим неформальные слова прощания:

    До завтра. До встречи.

    До скорой встречи. До скорого.

А молодежи нравятся переводы приветствий, пришедших из других языков.

Привет! и Пока!

Эти слова говорят друг другу друзья и приятели, например товарищи по школе.

    — Лёня, привет!

    — Привет, Митя!

    — Я в школу, а ты?

    — Я домой.

    — Ну, пока.

    — Привет.

(!) «Привет» — это молодёжное приветствие при встрече и при прощании. Молодежные приветствия никогда не нужно говорить взрослым. Помните рассказ о не очень вежливом мальчике из стихотворения *В. Масса и М. Червинского.*

    «Спасибо», «здравствуйте», «простите»

    Произносить он не привык,

    Простого слова «извините»

    Не одолел его язык...

    И даже вместо «до свиданья»

    Не говорит он ничего

    Или заявит на прощанье:

    «Ну я пошёл... Пока! Всего!»

Давайте разыграем ситуации прощания:

— С бабушкой, которая уезжает;

— С папой, который идёт на работу;

— С учителем в школе;

— С приятелем, с которым расстаёмся до завтра;

— С подружкой, с которой увидимся вечером или очень скоро.

СОДЕРЖАНИЕ

Учебное издание

Елизавета Александровна Хамраева
Владимир Васильевич Дронов

Росинка

Учебник по русскому языку и культуре речи

Для детей соотечественников,
проживающих за рубежом

Редактор *М.А. Кастрикина*
Корректор *В.К. Ячковская*
Компьютерная верстка *Т. Доронина, С.Б. Лысиков*

Гигиенический сертификат № 77.99.02.953.Д.000603.02.04 от 03.02.2004.
Подписано в печать 22.11.2007 г. Формат 84×108/16.
Объем 10,0 п.л. Тираж 2000 экз. Заказ 2340

Издательство ЗАО «Русский язык». Курсы.
125047, Москва, ул. 1-я Тверская-Ямская, д. 18.
Тел./факс: (495) 251-08-45, тел.: 250-48-68
e-mail: kursy@online.ru
www.rus-lang.ru

Отпечатано в ОАО «Щербинская типография»
117623, г. Москва, ул. Типографская, д. 10